파이낸셜 스토리
디자인

파이낸셜 스토리 디자인

숫자는 과거를 보여주고, 스토리는 미래를 말한다

· 정세현 · 조세훈 지음 ·

월요일의꿈

기업을 운영하면서 만나본 많은 경영인은 조직의 미래에 대한 스토리를 명확히 가지고 있었고 이를 흥미롭게 전달할 줄 알았다. 지금까지는 이러한 능력이 타고난 개인 역량으로 치부되었지만, 스토리 디자인을 학습함으로써 누구든지 갖출 수 있다는 것을 알았으면 한다. 이 책에서 소개하는 스토리 캔버스가 훌륭한 가이드가 될 것을 믿어 의심치 않는다.

김희선(디지털대성 대표이사)

전략과 스토리를 엮으려는 저자의 참신한 시도에 반가움을 표한다. 정태적 설명에 그친 많은 비즈니스 분석 프레임워크에서 한 발 나아가 전략 수행의 흐름을 보여주는 스토리 캔버스는 기업들에게 실질적인 도움을 줄 것이다.

이무원(연세대학교 경영대학 교수)

스토리는 조직을 이끄는 경영진에게는 비전을 심어줄 수 있는 도구가 되고, 브랜드에는 존재와 생명력을 불어넣어주는 요소이다. 회사를 이끌면서 수많은 어려움과 갈등을 겪게 되지만 우리의 스토리를 만들어간다는 즐거움과 짜릿함으로 리더와 구성원들은 파고를 넘고 성공을 이뤄나갈 수 있다. 이 책에서는 그 스토리가 왜 중요한지, 어떻게 만들어지는지 알 수 있다. 독자만의 정교한 스토리를 만들고 역사를 써나갈 수 있는 기회의 장이 되기를 바란다.

정진혁(센트로이드인베스트먼트 대표, 테일러메이드 의장)

스타트업에서 시작하여 회사를 상장하기까지 수많은 피칭을 직접 수행하였다. 탄탄한 논리와 정교한 숫자로 프레젠테이션이 만들어지기는 하지만 그 바탕이 되는 것은 매력적인 스토리이다. 전략을 다르게 표현한다면 '기업을 둘러싼 이해관계자들을 유혹할 수 있는 스토리'라고 생각한다. 스타트업 비즈니스에 도전하는 모든 이들은 먼저 본인만의 흥미로운 스토리 디자인 하기를 추천한다.

배지수(지놈앤컴퍼니 대표이사)

전략으로서의 스토리 디자인

．
．
．

정세현

"니 나랑 영화 한 편 하자."

"장르는?"

"복수극으로 가자고, 화끈하게."

우리가 잘 아는 영화 〈내부자들〉의 명대사이다. 바닥 인생을 벗어나 큰 성공을 꿈꾸던 정치 깡패 안상구(이병헌 분)는 비자금 파일 거래 실패로 한쪽 팔을 잃고 인생을 송두리째 날려버릴 위기에 처한다. 그리고 복수를 준비하면서 조력자 주은혜(이엘 분)를 설득하여 포섭하려 한다. 이 장면에 이 대사가 나온다.

안상구가 말하는 '영화 한 편'이란 복수라는 목적 달성을 위해 잘 준비된 설계도이다. 두 등장인물의 대화를 들은 이들(관객)에게는 '이후의 그림'이 그려진다. 이들은 또 다른 주인공인 우장훈(조승우 분) 검사와 협력하여 대선이 임박한 선거 정국에서 부패가 일상화된 내부자들의 세계 속으로 잠입한다. 결국 주인공들은 권력과 재력, 언론을 장악한 그들이 쳐놓은 험난한 장애물을 극복하고 복수에 성공한다. 영화 〈내부자들〉은 모든 요소가 잘 엮여 돌아가 현실보다 더 현실 같은 스토리라고 평가받으며 흥행에 성공했다.

브레이브걸스와 EXID의 공통점은 무엇일까? K-POP에 대해 크게 관심이 없더라도 쉽게 답할 수 있을 것이다. 두 팀 모두 음원 인기 차트를 역주행하며 가요계를 정복한 여자 아이돌 그룹이다. 이들에게도 성공 공식의 교집합이 목격된다. 유튜브가 대세가 된 미디어 환경, 군부대 행사라는 특수한 무대, 든든하게 지원받는 메이저 기획사 소속의 경쟁자들, 큰 반응을 일으키지 못한 데뷔 무대, 포기하지 않는 근성의 주인공 등이 그것이다. 한 음악 평론가는 "역주행한 걸그룹들을 관통하는 서사는 모두 중소 기획사 소속으로 별다른 지원 없이 본인의 실력만으로 성공했다는 이른바 '눈물 젖은 빵'으로 대표되는 성장 신화로 압축된다"라고 분석하였다.

사람들의 관심을 끄는 데 성공한 이야기를 보면 공통된 스토리 구조가 발견된다. 누군가의 정교한 기획이든, 아니면 우연이든 일단 스토리 디자인이 짜임새가 있다. 또한 스토리 구성 요소들을 갖추고 있으며 이들이 유기적으로 잘 연결돼 소비자의 머리 혹은 가슴에 무언가를 남긴다.

예리한 이성과 차가운 숫자만으로 승부가 결정될 듯한 경제·경영 분야도 크게 다르지 않다. 최근 관련 분야에서 스토리의 중요성을 강조하는 서적들이 출간돼 사람들의 주목을 받았다. 자기 분야에서 큰 성취를 이룬 대가들이 썼다는 점에서 이 책들의 무게감은 남다르다.

먼저 기업 가치 평가의 대가이며 뉴욕대학교 스턴경영대학원 재무학 교수인 애스워드 다모다란의 《내러티브 & 넘버스》라는 책을 들 수 있다. 다모다란은 '스토리'와 '숫자' 중 어느 쪽을 중요시하느냐에 따라 '스토리텔러'와 '넘버크런처'라는 재미있는 용어로 구분했다. 그는 기업의 진정한 가치를 평가하는 데는 양쪽이 모두 필요하지만, 우리는 그동안 숫자로만 기업 가치를 평가해왔고 이에 대해 반성이 필요하다고 말한다. 이렇게 숫자로만 평가해온 기업의 가치는 반쪽짜리에 불과하고 이에 기반한 투자 의사결정 또한 한계를 지닐 수밖에 없다는 것이다. 이 주장을 뒷받침하기 위해 아마존이나 알리바바, 우버 등과 같이 우리에게 친숙한 기업을 통해 사람들을 끌어들이는 스토리에 숫자를 입혀 성공한 사례들을 소개하고 있다.

또 다른 하나는 행동경제학의 석학인 예일대학교 로버트 쉴러 교수의 《내러티브 경제학》이라는 책이다. 이 책은 마치 바이러스처럼 퍼지는 스토리의 힘에 주목한다. 그리고 그러한 스토리가 어떻게 거대한 경제 사건을 일으키는지에 대해 소개하고 있다. 이 책의 골자는 사람들이 요즘 무엇에 대해 이야기하는지, 대체 무엇을 궁금해하는지, 그것들이 어떻게 경제적 사건을 만들어내는지 예측해야 한다는 것이다. 예를 들어보자. 비트코인이 사람들을 열광적으로 끌어들일 수 있었던 이유는 무엇일까? 저자는 그 이유에 대해 '고루한 관료주의자들의 반대편에 있는 멋지고 근사해 보이는 대도시 젊은이들에 대한 이야기'가 밑바탕에 깔려 있기 때문이라고 진단한다. 이와 같은 맥락으로 1929년에 발생한 세계 대공황이나 2005년 미국 부동산 버블, 2008년 세계 경제위기에서 데이터가 아닌 이야기가 그 전조를 보여줬다는 사실을 찾아내 책에 담고 있다.

두 책은 전문성과 대중성 사이에 균형을 잘 맞추고 있으며 무엇보다 스토리의 중요성을 흥미로운 사례로 녹여내 독자의 궁금증을 자극하고 있다. 하지만 아쉽게도 우리나라 사례는 거의 언급되지 않았다. 이런 점은 문화적 맥락이 무엇보다도 중요한 '스토리'라는 분야에서 분명한 한계를 가질 수밖에 없다. 이 때문에 국내 독자들이 읽을 때 아무래도 공감의 폭이 좁을 수밖에 없다.

그렇다면 우리나라에서는 어떤 스토리 디자인을 갖춘 기업과 경영자가 성공하는가? 성공적인 비즈니스 스토리는 어떻게 만들어지는가? 이 책은 이러한 질문에 답하기 위한 고민에서 시작되었다.

나는 어릴 적 화면 조정 시간부터 시작해 애국가로 끝날 때까지 온종일 TV를 보는 날이 많았다. 용돈을 받으면 여느 또래들처럼 군것질하는 데보다는 극장이나 만화 가게에서 썼고, 교과서보다는 온갖 소설을 가까이했다. 또한 미디어의 홍수라 불리는 최근—코로나19로 인해 반강제로 시간이 남게 된 시기이기도 하다—에는

OTT(온라인 동영상 서비스) 플랫폼에서 미국 드라마와 영국 드라마를 섭렵했고 이어서 이스라엘과 북유럽 다크 드라마에 푹 빠져 살고 있다. 사회에 나와서 생계형 직업으로 기업의 성패 원인을 분석하는 일을 수행했다. 경영전략을 주제로 이런저런 강단에도 많이 서게 되었다. 고맙게도 나의 강의를 좋게 여겨준 분들이 많았는데, 시간이 흐른 후 이들과 다시 만나서 이야기해보면 강의 중에 설명했던 경영 이론은 머릿속에서 지워진 지 오래였다. 반면 강의 중간중간 고민해볼 거리로 제시했던 케이스들은 아주 구체적으로 기억하고 있었다. 가령 '과점 시장에서의 본원적 경쟁 전략' 방법론을 구구절절 설명하는 것보다는 '울릉도에 있는 3개 주유소의 판매 가격이 동일할 때 신규 주유소 진출의 성공 가능성을 어떻게 생각하는가?' 같은 질문형 케이스로 풀었던 것이 더 전달 효과가 좋았다. 이를 통해 스토리가 주는 강력한 각인 효과를 직접 목격할 수 있었다.

그뿐만 아니라 직접 스토리를 만드는 작업도 해보았다. 세렌디피티Serendipity(우연한 발견) 혁신을 주제로 한 경영 우화 《사파리》를 생애 첫 책으로 출간했으며, 영상화를 목적으로 《더 픽서》라는 음모론 스토리도 만들어보았다.

그러다 보니 공교롭게도 그동안 내가 해왔던 일들은 대부분 스토리를 현실로, 또는 현실을 스토리로 디자인하는 작업의 일환이었다. 그렇게 스토리와 친숙한 삶을 살아왔다.

마지막으로 책 내용에 들어가기에 앞서 혼선을 줄이기 위해 우리에게 친숙한 '스토리텔링'과 이 책에서 말하고자 하는 '스토리 디자인'을 구별하고 시작하는 것이 좋겠다. 스토리텔링이란 말 그대로 내가 말하고자 하는 내용에 스토리를 입혀 전달하는 것이다. '남에게 전달하는 것'이라는 의미가 더 강조되다 보니 완성도 높은 스토리를 어떻게 만드는지에 대한 설명은 상대적으로 소홀할 수밖에 없었다. 그렇기에 스토리 디자인으로의 개념 확장이 필요하다. 경영학으로 설명하자면, 스토리텔링이 마케팅이라면 스토리 디자인은 전략의 영역이라고 볼 수 있다. 이 책은 '스토리 디자인을 그리는 법을 알려주는 해설서'를 목표로 하고 있다.

스토리가 만개한 세상에서 이 책에서 소개할 스토리 디자인을 활용해 비즈니스뿐만 아니라 개인의 삶에서도 다양한 스토리를 만들어보기 바란다.

"My business design is based on my real story."

스토리가 밥 먹여준다

조세훈

"인문학이 밥 먹여주니?" 2005년 대학에 들어가고 보니 '인문학 위기론'이 주위를 맴돌고 있었다. 고도성장이 그치면서 취업 시장이 점차 줄어들던 시기다. 내가 국어국문학과를 진학하자마자 이런 담론이 흘러나오니 치기에 순수 학문의 중요성을 외치다가도 못내 식은땀이 나기도 했다. 이러다 정말 도태되는 것 아냐? 교수님들도 이런 사회적 분위기를 의식해서인지 국문학의 상업성에 대해 종종 말씀하셨던 기억이 난다. 국문학에 내재한 풍부한 원천 스토리를 게임, 드라마, 영화 등에 접목하면 무한한 가치를 창출할 수 있다는 얘기였다. 이런 담론이 나온 지 15년이 지난 후 스토리의 가치는 주식시장의 말로 빗대면 그야말로 '상한가'를 치고 있다.

실제 국내 웹툰과 웹소설이 글로벌 영상 콘텐츠의 인기 이야기 IP(지식재산권)로 떠오르면서 그 몸값이 나날이 높아지고 있다. 웹툰을 원작으로 한 드라마와 영화가 글로벌 OTT에서 잇따라 흥행에 성공하면서다. 네이버 웹툰은 〈지금 우리 학교는〉, 카카오 웹툰은 〈경이로운 소문〉, 〈이태원클라쓰〉에 이어 〈사내 맞선〉까지 넷플릭스를 통해 내보이며 세계적으로 큰 인기를 끌었다. 스토리를 공부하는 것이 그야말로 밥 먹여주는 시대가 됐다.

또한 스토리는 인물의 경쟁력을 평가하는 척도로도 활용된다. 최근 넷플릭스에서 드라마 〈블랙독〉을 봤다. 교육제도를 정면으로 다룬 이 드라마에서 배우 서현진은 기간제 교사로 나와 '학생부 종합전형(학종)'의 중요성을 거듭 강조한다. 학업 성취의 평가 지표로 성적표에 기입된 숫자와 함께 앞으로 얼마나 발전 가능한 학생인지 알 수 있는 '성장 서사'가 동일한 비중으로 강조된다. 단 한 번의 시험으로 대학을 가던 시절도, 총 열두 번의 학교 내신 평가 시험을 종합해 평가받는 시대도 점차 저물고 있다. 입체적인 평가 방법은 유연성과 창의성이 요구되는 4차 산업혁명 시대의 인재상과 맞아떨어진다. 말도 많고 탈도 많은 교육정책이지만 뒤늦게라도 시대정신을 따라간다.

기업이 인재를 뽑는 과정도 마찬가지다. 블라인드 평가, 자기소개서 등 정성적 평가가 점차 중요해지고 있다. 스토리를 잘 구성해 낸 사람이 더욱 높은 평가를 받는 시대다. 그래서 스토리의 재료를 뽑아내기 위해 다양한 활동을 한다. 어학연수, 인턴 등 비슷한 패턴의 경험은 이제 차별화 포인트가 되지 않는다. 자신만의 경쟁력을 나타낼 수 있는 '스토리'가 채용을 가르는 기준이 되고 있다.

이 책은 기업의 새로운 평가 기준이 되고 있는 '파이낸셜 스토리'를 다루고 있다. 예전에는 많이 팔고 이윤을 크게 남기는 것이 좋은 기업의 척도였지만 이제는 시선이 달라지고 있다. 세계적으로 ESG(환경·사회·지배구조)가 강조되면서 석탄, 석유 산업 등은 좋은 기업에서 탈락하고 있다. 아직도 천문학적인 돈을 벌고 있지만, 이것만으로 가치를 인정받기 어렵다. 기관 투자자들은 ESG 기준을 충족하지 않는 기업에 투자하지 않겠다는 내부 방침을 세워가는 추세이다. 반면 천문학적인 적자를 내더라도 미래 성장성이 기대되는 기업은 유니콘 기업(기업 가치 1조 원 이상 비상장 기업)을 넘어 데카콘 기업(기업 가치 10조 원 이상 비상장 기업)으로 평가받는 경우가 늘고 있다. 2007년 미국의 페이스북(현재 메타플랫폼스)이 사상 첫 데카콘에 오른 이후 지금까지(2022년 9월 현재) 등장한 데카콘은 총 84개다.

한국에서는 쿠팡이 데카콘 기업 대열에 합류했다. 수년째 수천억 원의 적자를 기록했지만, 당일 배송 시스템 구현으로 e커머스 e-commerce(전자상거래) 혁명을 이끈 점이 높은 평가를 받았다. 배달앱 '쿠팡이츠', OTT '쿠팡플레이' 등을 출시하며 플랫폼 업체로의 매력도도 높였다. 쿠팡이 전통 유통 기업 신세계, 현대백화점, 롯데백화점 등을 제치고 가장 높은 기업 가치를 인정받은 이유는 미래를 이끌어나가는 '성장 서사'가 의도된 적자라는 타이틀로 투자자들의 마음을 움직인 데 있다. 외형과 숫자가 아닌 미래의 성장 서사가 곧 기업 가치인 시대이다. 데카콘 후보군으로는 숙박 공유 스타트업 야놀자와 핀테크 업체 토스가 있다. 야놀자는 2005년, 토스는 2013년에 설립되었다. 여기에서도 역사가 긴 기업보다 매력적인 플랫폼 기업이 더 높은 점수를 받고 있다는 점을 알 수 있다.

매력적인 기업은 사실 나열식 서사로 만들어지지 않는다. 숫자 이면에 보이는 패러다임 변화와 이를 관통하는 사업 아이템, 인력들의 창의성 등이 맞물리면서 설득력 있는 스토리로 재탄생한다. 어찌 보면 사기꾼과 혁신가 사이를 줄타기하는 듯 보이지만, 이 고개를 넘으면 막대한 투자금으로 꿈이 현실이 되는 일이 나타난다. 이 책에 앞서 사모펀드PEF의 투자 스토리를 책으로 낸 적이 있다. 책을 준비하면서 만난 사모펀드 대표들은 자신이 숫자 이면의 성장 스토리에 주목한다는 이야기를 수차례 해주었다.

스토리의 중요성은 나날이 커지지만 정작 '파이낸셜 스토리'를 구성하는 방법에 대해서는 대다수가 어려움을 호소하고 있다. 그러나 이야기는 추상적인 창작물이 아닌 체계적인 집필로 탄생한다. 문예창작과, 국어국문학과 등이 학문 체계에 편입된 것도 창작 방법론이 있다는 뜻이다. 이 책에서는 8개의 익숙한 플롯을 기반으로 매력적인 스토리를 입히는 방법을 우리가 잘 알고 있는 기업의 사례로 상세히 설명하려고 했다. 저자의 소소한 노력이 파이낸셜 스토리에 관심 있는 기업인, 젊은 스타트업 대표, 기업에서 일하는 이들에게 도움이 되었으면 하는 바람이다.

Contents

1장
이제는 스토리 시대 · 21

2장
스토리 캔버스로 파이낸셜 스토리를 · 75

STORY

1장

....

이제는 스토리 시대

스토리 리그,
전략과 기획을 중시하던 기업의 변화

· ·

불과 몇 년 전만 하더라도 우리나라 기업의 핵심 부서는 '미래전략실' 또는 '전략기획실'이라 불리는 곳이었다. 여기서 기업의 성장과 미래 먹거리를 위한 전략 개발을 수행했다. 지금도 여전히 많은 회사에서 이러한 역할의 부서들이 사내 권력과 정보의 중심에 있다. 여기서 일하는 이들 사이에서는 〈하버드 비즈니스 리뷰Harvard Business Review, HBR〉의 최신 경영전략 이론과 각종 데이터가 주된 대화 내용이었다. 하지만 얼마 전부터는 기업이 말하고 싶어 하는 이야기, 스토리에 보다 더 주목하는 사람들이 하나둘 생겨나기 시작했다. 기업 내에서 일하는 직원들뿐 아니라, 외부에서 해당 기업을 바라보는 시각도 점차 변하고 있다.

이제 기업이 보여주는 '숫자'에서 갖추고 있는 '스토리'로 관심이 점차 옮겨가고 있다. 숫자는 과거를 보여주고 스토리는 미래를 말한다. 해당 기업이 어떤 스토리를 가지고 있느냐는 취업 준비생들에게도 중요한 선택 기준으로 자리 잡은 지 오래다. 잘 다가오지 않는 문구로 작성된 기업의 핵심 가치나 재무제표 대신 그 기업이 어떤 스토리로 자신의 포지션을 잡고 있는지 파악하는 것이 하나의 흐름으로 떠올랐다. 기업은 이러한 스토리를 지녔다는 이미지를 만들기 위해 광고 등으로 자신이 추구하는 바를 말한다. 쉬운 방법으로는 바른 생활을 하는 것으로 알려지고 공익적인 활동으로 신뢰도를 쌓은 연예인들을 광고에 등장시킴으로써 긍정의 이미지를 빌려오기도 한다. 신뢰와 공감을 목표로 한 전략으로 바뀌고 있다는 뜻이다.

과거에도 스토리에 관심을 두는 기업이 있었다. 대다수가 '여론 재판'에 종종 휘둘리는 대기업이거나 소비자와 밀접한 관계를 갖는 B2C(기업-소비자 간 관계) 산업에 속한 기업이었다. 적절한 이미지 관리를 통해 회사의 선한 영향력을 확대하고 소비자에게 친숙한 기업이 되겠다는 목적으로 스토리에 접근했다.

그러나 최근에는 기업의 본질적 경쟁력 제고의 핵심 수단으로 '스토리'가 부각되고 있다. 이는 4차 산업혁명이 도래하면서 새로운 산업이 부흥하고 있는 것과 맞물려 있다. 플랫폼, 전기차, 로봇 산업부터 ABC(인공지능Artificial Intelligence, 빅데이터Big Data, 클라우드Cloud)
까지 다양한 영역에서 시장이 확대되고 있다. 블록체인, 암호화폐,
대체 불가능 토큰Non-Fungible Token, NFT 등 가상 시장의 등장은 과
거에는 상상도 하기 어려웠다. "십 년이면 강산이 변한다"라는 말
은 이제 현실을 충분히 설명해주지 못한다. 1년마다 우리가 상상하
기 어려운 일들이 눈앞에 펼쳐지고 있다. 그렇기에 어떤 기업이 앞
으로 살아남을 수 있을지, 얼마나 성장할 수 있을지 설득하는 과정
이 기업 생존에 매우 중요해졌다. 스토리를 중심에 놓는 경영이 과
거 기업에는 선택 사항이었다면, 미래를 준비하는 기업에는 필요충
분조건이 되었다.

그중에서도 변화에 민감한 기업들이 먼저 스토리에 주목해 움직
였다. 특히 SK그룹 최태원 회장은 '파이낸셜 스토리'라는 신조어
를 만들며 변화를 선도했다. 최 회장은 생소한 이 용어를 소개하며
"각 관계사가 만든 파이낸셜 스토리에 시장의 신뢰, 사회의 공감이
더해질 때만 기대 수준을 넘는 기업 가치를 만들어낼 수 있다"라
고 말했다. '파이낸셜 스토리'라는 말을 처음 듣는 사람은 기업을
일군 창업주와 관련된 비하인드 스토리를 우선 떠올리기 쉽다. 이
를테면 고故 정주영 현대그룹 회장의 다음과 같은 스토리가 대표적
이다.

정주영 회장은 1915년 11월 25일 강원도 통천군 송전면 아산리에서

아버지 정봉식과 어머니 한성실 사이의 슬하 6남 1녀 중 첫째이자 집안의 장손으로 태어났다. 그의 호는 고향 마을 아산리의 이름을 따서 '아산峨山'이라 지었는데, 대형 병원인 아산의료원도, 현대차 울산 공장 앞 연결도로인 아산로도 바로 그의 호를 따서 붙인 이름이다. 송전공립보통학교 졸업 이후 그의 정규학교 공부는 끝났다. 그와는 달리 동생들의 '가방끈'은 긴 편인데 둘째 동생 정인영은 일본 아오야마가쿠인대학교를 다녔고, 넷째 동생 정세영은 고려대학교를, 막내 정상영은 동국대학교를 각각 졸업했다. 요절한 다섯째 동생 정신영은 서울대학교 법대를 졸업하고 기자로 일하다 퇴사 후 독일 함부르크대학교에서 유학 중 갑자기 병으로 생을 마감했다. 정주영은 여건이 되면 학교를 다시 들어가 학력을 높이던 다른 사람들과 달리 스스로 학업의 길을 이어가지 않았다.

젊은 시절에는 집에 있던 소를 판 돈을 갖고 가출했는데 이때 들고 나간 돈이 70원이라 한다. 후에 소 1,001마리를 몰고 방북하는 이벤트를 연출했던 것도 어린 시절의 경험이 하나의 이유가 되었을 것이다. 한때 서울의 한 상점에서 경리 일을 배우다가 아버지에게 도로 끌려가기도 했다. 잡혀 온 그에게 아버지는 "대학을 나온 놈도 실업자가 되는 판국에 너 같은 조선 놈이 올라간다고 해서 성공하는 건 아니다. 게다가 넌 장남이니 농사를 지어야지"라면서 훈계했다고 한다. 물론 결론적으로 보면 아버지의 판단이 틀렸지만, 당시 시대상을 생각해보면 전혀 일리 없는 말은 아니었다. 하지만 논밭만 갈기에는 꿈이 너무 컸던 그는 얼마 못 가 다시 집을 뛰쳐나와 인천 부둣가에서 막노동 일을 하며 생활하게 된다.

위의 이야기는 큰 인물 인생의 주요 사건을 시간순으로 나열하는 평면적인 스토리 기술 방식이다. 하지만 기업들이 경영의 새로운 화두로 제시하는 파이낸셜 스토리에서의 '스토리'는 조금 더 확장된 입체적인 개념으로 이해해야 한다. 이제는 과거, 현재, 미래를 묶어 밸류 체인이 완성되어야 기업이 지닌 본질적인 가치를 설명해 낼 수 있다.

SK그룹의 파이낸셜 스토리 발굴

· ·

'스토리 리그'에서 가장 적극적인 움직임을 보이는 SK그룹은 계열사별로 파이낸셜 스토리를 발굴하는 데 주력하고 있다. 그 중심에는 ESG라는 큰 주제가 자리를 잡고 있다. 이와 관련한 최태원 회장의 발언들을 들어보자.

"이제 우리는 매력을 어필할 수 있는 성장 스토리를 만들어 내보여야 한다."
"성장 비전에 대한 스토리 제시만으로는 기업 가치 상승으로 이어지지 않는다. 경영 환경의 변화 속도보다 더 빠른 실행력을 갖추고 이해관계자들이 공감할 수 있는 파이낸셜 스토리를 제시·실행해 성과를 계속 쌓아야 한다."

"모든 최고경영자는 직접 스토리텔러가 되어야 한다."

"앞으로는 기업 가치 분석 모델을 기반으로 파이낸셜 스토리를 구성하고 기업 가치 기반의 새로운 경영 시스템으로 업그레이드를 추진해야 한다."

위와 같은 발언들은 한국의 기존 경영진에게서는 듣기 어려운 말들이었다. '딥 체인지', '디자인 씽킹' 등 여러 번 진화한 SK의 경영 철학은 이제 파이낸셜 스토리로 정리되는 듯싶다. 좋은 파이낸셜 스토리는 기업의 매출과 영업이익 등의 재무 성과뿐만 아니라 매력적인 목표와 구체적인 실행 계획을 담은 성장 이야기를 뜻한다. 이런 파이낸셜 스토리를 제시해야만 고객과 투자자, 시장 등 이해관계자들로부터 신뢰와 공감을 이끌어낼 수 있다는 것이 최 회장의 생각이다. '파이낸셜'과 '스토리'라는 이질적인 두 단어의 조합을 제시함으로써 목표와 실행 사이를 잇는 가교가 만들어졌다.

이러한 방향 아래 그룹의 핵심 사업인 석유화학(SK종합화학), 윤활유(SK루브리컨츠) 사업의 지분을 매각하고 ESG 관련 분야를 적극적으로 확대하고 있다. SK이노베이션은 그룹의 출발점이자 기반이었던 정유·화학 중심의 사업 구조에서 배터리·분리막·리사이클 등 친환경 사업으로 기업의 정체성 변신을 진행 중이다. 다른 계열 사인 SK에코플랜트(구 SK건설)는 2020년 국내 친환경 플랫폼 업체 EMC홀딩스를 1조 원에 인수했으며 관련 기업들을 지속적으로 인수해 친환경 산업 밸류 체인을 구축한다는 목표를 가지고 있다. 건설사에서 환경친화적 업체로 변신하는 파이낸셜 스토리를 구축하는 여정이다. 미래 사업 전략, 내부 경영 방식이라는 씨실과 날실을 통해 직조한 결과물은 시장에서 SK라는 이름의 매력 지수를 높이고 있다.

인간은 이야기꾼, 호모 나랜스 또는 호모 픽투스

· ·

"인간이란 무엇인가?"

철학적인 성격의 이 질문에 정해진 답은 없다. 각자가 수많은 생각을 갖고 있을 터이다. 자본주의 시대에서는 '호모 이코노미쿠스'를 답안으로 많이 내놓는다. 경제적 활동을 통해 돈을 버는 것이 사람의 가장 큰 특징이라는 것이다. 이 말은 이성에 기반한 합리적인 의사결정을 하는 인간을 전제로 한다. 돈을 중심에 놓고 돌아가고 모두가 이것을 좇는 과정에서 인간의 본성은 여실히 드러나기 마련이다.

그런데 많은 사람의 관심이 부동산, 주식, 비트코인 등에 쏠려 있는 오늘날 눈여겨봐야 할 지점이 있다. 서점 베스트셀러 코너를 가보면 의외로 소설책이 가장 중앙에 놓여 있고 매대에서도 제일 큰 공간을 차지하고 있다. 자본이 중심에 서고 모두가 돈을 얘기하는 사회에서 '픽션' 혹은 '이야기'가 제일 사람들의 관심을 끈다는 것은 무엇을 의미할까? 또 이는 인간에게 어떤 의미를 지닐까?

서양의 베스트셀러가 《성경》이라면, 동양의 베스트셀러는 《삼국지》다. 둘 다 오래된 책들이지만 여전히 강한 생명력을 지니며 전 세계 사람들에게 읽히고 있다. '양두구육羊頭狗肉', '삼성가노三姓家奴', '돌아온 탕자' 등 최근 정치판에서 자주 등장했던 말들도 모두 위의 책들에서 가져온 것이다. 인간의 상상력을 자극하는 이야기는 언어와 국경을 뛰어넘는다. 추리소설의 여왕 애거서 크리스티가 쓴 80여 편의 작품은 전 세계 103개 언어로 번역돼 40억 부 이상이 팔렸고, 조앤 롤링의 《해리포터》 시리즈는 2014년 기준 67개 언어로 번역돼 전 세계 200여 개국에서 4억 5,000만 부 이상의 판매를 기록했다. 일본에는 총 36권의 《대망》이 있고 우리나라에는 조정래 작가의 《아리랑》, 《한강》, 《태백산맥》으로 이어지는 3편의 장편 대하소설이 있다. 조정래 작가는 이 3편으로 1,550만 권을 판매했다.

이를 통해 볼 수 있듯 이야기에 대한 인간의 관심은 시공간을 뛰어넘는다. 그러므로 인간을 호모 나랜스Homo Narrans 또는 호모 픽투스Homo Fictus로 부르는 것도 타당하다. 즉 인간은 본능적으로 '이야기'를 좋아하는 존재다.

그렇다면 인간은 '왜' 이야기를 즐기는 것일까. 이야기를 만들어내고 주변에 전달하는 것은 사실 인간이 오랜 시간 동안 진화해왔다는 하나의 증거가 된다. 약 20만 년 전 인류가 지구에 처음 출현했을 무렵, 정신이 미숙하고 인구가 많지 않았던 그 시절부터 인간은 이야기를 통해 소통하고 발전해왔다. 이야기는 인간의 삶과 끈끈하게 연결돼 있다. 꿈과 공상, 문학이나 노래 등 인간만이 표현할 수 있고 공감할 수 있는 가치를 이야기를 통해 다른 이들과 나누었다. 이야기는 사회, 정치, 그리고 종교 영역을 넘나들며 인간 사회를 결집하는 원동력이 되었다. 나아가 공동체의 가치를 강화하고 문화라는 매듭을 단단히 매어주어 궁극적으로 사회를 결속시키는 매개 역할을 해왔다.

이론적인 설명이 아니더라도 인간이 원래 이야기꾼이라는 것은 《아라비안나이트》라고도 알려진 《천일야화》에서 잘 드러난다. 《천일야화》는 여러 여인으로부터 배반당해 마음의 상처를 입은 아라비아의 왕 샤 리아르에게 셰에라자드라는 여인이 천하룻밤 동안 들려준 이야기들이라는 외적 형식을 지닌 야담집이다. 〈신밧드의 모험〉, 〈알라딘〉, 〈알리바바와 40인의 도적〉 등 우리에게 친숙한 단편들이 모두 이 책에 담겨 있다.

배신의 상처로 인해 세상에 마음을 닫은 샤 리아르 왕은 어떤 여자에게도 마음을 주지 않기로 맹세하고 하룻밤 동침한 여자는 다음 날 새벽에 바로 죽여버렸다. 그러던 중 한 대신의 딸인 셰에라자드가 왕에게 시집을 오게 되었는데, 첫날밤부터 왕에게 이야기보따리를 하나씩 풀기 시작한다. 이야기는 매일 밤 이어졌다. 천일에 더해 하루가 더 지나갈 때까지 왕은 궁금함을 못 이겨 다음 이야기를 계속해서 듣기 위해 셰에라자드를 살려두었다. 매일 밤 이어지는 그녀의 이야기는 너무나도 흥미진진하고 에로틱하고 달콤하고 자극적이어서 왕은 도저히 그녀를 죽일 수 없었던 것이다.

그리고 천하루가 지난 날, 왕은 본인이 저지른 잘못을 깨닫고 셰에라자드를 부인으로 맞이하여 행복을 찾게 된다. 사실 셰에라자드가 들려주는 이야기는 끝날 수가 없다. 샤 리아르 왕도, 독자도 이야기를 더 듣고 싶은 욕망과 결말을 알고 싶다는 궁금증에 사로잡혀 더더욱 빠져들 뿐이다. 이국적이고 열정적인 이야기가 왕을 계속해서 끌어들였다. 셰에라자드가 샤 리아르에게 해준 이야기들의 공통점은 바로 위기가 닥친 상황을 이야기로 해결한다는 것이다. 이야기는 액자식 구성으로 돼 있어 샤 리아르와 셰에라자드의 관계가 자칫하면 하룻밤을 지나고 비극으로 치달을 수 있다는 힌트를 준다. 하지만 이러한 위기 상황 속에서도 셰에라자드는 이야기를 계속해 이어나갔다. 이야기가 성공적으로 이어지면 전화위복의 기회가 되고, 그렇지 못하면 죽음으로 연결될 수 있다.

이 야담집의 모티프가 말하고자 하는 바는 이야기의 연결을 통

샤 리아르 왕과 셰에라자드

▶ 프랑스 화가 레옹 칼레가 1920년대에 그린 그림

해 인간의 삶이 계속된다는 것이다. 즉 이야기의 부재는 죽음이요, 이야기의 존재는 삶이다. 이를 통해 우리는 이야기란 것이 삶의 필요조건임을 알게 된다. 사람이 사는 곳에 이야기가 있으며, 삶이 있는 곳에 이야기가 있다. 깊숙이 살펴보면 삶이란 곧 이야기로 구성돼 있다. 신문에 실린 단편적인 기사부터 왕조실록에 기록된 글들까지 모두가 이야기의 형태를 띠고 있다. 우리 주변과 바깥을 내다보면 순간순간이 이야기의 연속이라는 것을 알 수 있다. 이야기를 통해 모든 관계가 이어지는 것이다. 전개 과정에서 해답을 찾아낼 수도 있다. 이야기는 문제를 해결해주는 실마리인 셈이다.

많은 현인이 이야기의 본질에 대해 성찰한 후 자신의 생각을 정리하여 말했다. 현대 언어학의 아버지로 불리는 노엄 촘스키는 "인간의 모든 언어는 기본적인 구조의 유사성, 즉 보편적인 문법을 공유하는데, 이는 인간이 태어날 때부터 갖고 나오는 것이다"라며 이야기 구성이 선천적인 능력이라고 주장했다. 독일 작가 하인리히 하이네는 "인간의 이야기가 담겨 있는 책이 소각되는 곳에서 결국 인간도 소각되고 말 것이다"라며 인간과 이야기는 뗄 수 없는 관계임을 피력했다. 고대 그리스 철학자 아리스토텔레스는《시학》에서 인간은 모방하는 본능을 타고 태어난다고 말했는데, 이야기는 결국 삶의 모방이라고 결론지었다. 이에 더해 그는 인간이 이야기를 좋아하는 이유는 인간의 삶을 닮았기 때문이라고 설명했다.

인지과학 연구를 통해 인간의 뇌 구조에 이야기를 구성하는 회로가 별도로 내재해 있다는 사실이 발견됐다. 단편적인 정보를 이야기로 만들 때 우리는 이 회로를 활용한다. 이와 관련하여 1940년대 프리츠 하이더와 매리언 지멜이 실험을 진행했다. 참가자들에게 사각형, 삼각형 등 갖가지 다른 도형들이 자유분방하게 움직이는 간단한 애니메이션을 보여주고 각자가 본 것을 묘사하라고 했다. 흥미롭게도 실험에 참여한 총 114명 중 단 3명만이 눈에 보이는 도형의 움직임을 있는 그대로 묘사했고 나머지 참가자들은 본인이 본 것을 이야기 형태로 구성하여 말했다. 일부는 아침 드라마 수준의 스토리를 만들기도 하였다. "큰 삼각형이 동그라미를 짝

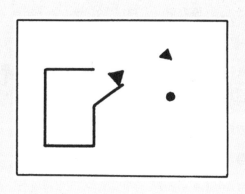

▶ 하이더(Heider) & 지멜(Simmel), 1944

사랑하여 동그라미와 사귀는 작은 삼각형을 괴롭혔다. 그래서 작은 삼각형이 집을 탈출하여 먼 길을 떠났다." 이처럼 도형들의 움직임을 관찰하고 이야기로 구성하는 것은 이야기 구성 회로를 지닌 인간만이 가능하다.

인간만이 지닌 이 고유한 본능은 영화 발전에도 기여했다. 뤼미에르 형제는 하나의 카메라로 초당 16프레임의 속도로 촬영과 영사를 동시에 할 수 있는 장비를 개발했는데 덕분에 이들은 영화사에 있어 선구자로 꼽힌다. 뤼미에르 형제가 직접 제작한 영상 중 기차가 플랫폼으로 들어오는 장면은 당시 사람들에게 큰 충격을 줬다. 영상을 직접 본 이들 중에는 기차가 본인에게 실제로 달려오는 것으로 착각하여 몸을 피하는 사람들도 있었다. 뤼미에르 형제는 단절된 화면이 아닌 이어진 화면을 통해서만 사람들에게 메시지를 전달할 수 있다고 생각했다. 그리고 이것을 실현하는 기계를 드디어 자신들이 만들어냈다고 자부했다.

그러나 소련의 영화감독이었던 레프 쿨레쇼프는 별도의 몇 가지 이미지를 나열해 보여주는 실험을 통해 뤼미에르 형제의 생각을 전면으로 반박했다. 그는 같은 컷 앞뒤에 다른 컷을 어떻게 삽입하느냐에 따라 관객이 전혀 다른 메시지를 전달받을 수 있다고 봤다. 이를 통해 단절된 이미지의 제시만으로도 우리의 인지 감각이 이야기를 구성할 수 있음을 밝혀냈다. 바로 이것이 인간이 지닌 이야기 구성 능력을 활용한 몽타주 편집의 시작이다. 유명한 예로 영화 〈록키〉에서는 열심히 훈련하는 장면 몇 개를 몽타주 편집으로 빠르게 보여주는 방법으로 주인공의 실력이 점차 올라가고 있음을 효과적으로 표현했다.

인간은 이야기의 다양한 쓰임을 저마다의 두뇌 회로에 오롯이 저장해놓았다. 러시아의 수백 개 민담 구조를 분석한 블라디미르 프로프를 시작으로 각 나라의 신화에서 공통된 이야기 구조를 도출한 조지프 캠벨의 영웅 여행론, 구조주의 서사를 기호학에 응용한 그레마스 기호학, 또 최근 할리우드 영화의 바이블로 불리는 크리스토퍼 보글러의 이론서 등은 인간의 두뇌 회로에 저장하는 데 최적화된 이야기를 찾기 위한 노력으로 탄생했다. 그리고 이 책은 비즈니스 영역에서 통용되는 스토리 구조의 공식, 즉 파이낸셜 스토리를 완성시키는 스토리 디자인을 찾고자 한다.

스토리의 강력한 효과

• •

누구보다도 떠드는 것을 좋아하는 필자뿐 아니라 사람들 대부분은 자기 이야기 하는 것을 즐긴다. 또 보통은 듣는 것보다는 본인이 말하는 쪽을 선호한다. 듣는 게 미덕이라는 말이 괜히 나오지는 않았을 것이다. 식사 자리에서의 발언권을 독식하기 위해 기꺼이 식대를 지불하기도 한다. 새로운 이야기를 만들어내고 그것을 남들에게 들려주고 싶어 하며, 이야기에 웃고 울고 공감하며 자신의 행동을 조절한다. 사실 이야기만큼 인간의 삶에 지대한 영향을 미치는 것도 없다. 스토리는 어린 시절부터 세상을 이해하고 배우는 기본 수단인 동시에 창의성과 감성을 바탕으로 꿈과 가치를 보다 설득력 있게 전달해주는 의사소통의 한 형태이다. 정보를 단편적으로 전달하는 데 그치는 것이 아니라, 쉽게 이해시키고 더 오래 기억할 수 있게 하며, 나아가 정서적 몰입과 공감을 이끌어내는 특성을 가진다는 면에서 어떤 주제를 전달할 때 사용할 수 있는 가장 효과적인 수단이다.

스토리로 말하는, 즉 스토리텔링의 가장 초기 형태는 인간의 몸짓과 표현이 결합된 말하기였는데, 이는 주로 종교의식에서 쓰였다.

암석 예술 또한 고대 문화에서는 스토리텔링의 한 방법이었다. 호주 원주민들은 기억을 돕는 수단으로 동굴 벽에 이야기가 상징하는 것을 그려 남겼다. 그 이야기는 구술 서사, 음악, 암각화와 춤의 융합 형태로 전파되었고, 변형과 확장을 통해 인류에 대한 이해를 넓혀왔다.

도회적 감수성을 경쾌한 문체로 풀어내어 각광받고 있는 인기 작가 김영하는 이를 '설동설說動設'이라는 말로 표현했다. 인간이 살고 있는 지구는 태양 주위를 도는 것이 아니라 "이야기를 중심으로 돈다"라는 주장이다. 언뜻 보면 가벼운 말장난 같기도 한 이 말은 곱씹을수록 적확한 표현이라 생각된다. 생각해보자. 신이 자신들을 선택하여 인도한다는 이야기에 이끌려 한 민족 전체가 이집트를 탈출했고 메마른 광야를 건넜고 전쟁을 치르고 국가를 세우기도 했다.

심리학자들은 인간을 움직이는 내적 동기는 대부분 스스로에게 들려줄 만한 자기 삶의 이야기를 이행하는 과정에서 나온다고 본다. 이야기가 없다면 인생은 아무런 연관성 없는 사건들의 연속일 뿐이라는 것이다. 사람들은 크고 작은 다양한 사건들 사이에 존재하는 인과관계를 찾아내고 그 안에서 저마다의 교훈을 얻고 서로의 감정을 교류하며 궁극적으로 삶의 변화를 꾀한다.

인간은 누구나 본인이 사는 세계와 인생에 대한 의문을 품고 있으며, 이에 대한 답을 얻고자 여러 가지 방식으로 끊임없이 탐구한다. 이야기는 바로 이러한 인간 존재를 향한 관심에서 비롯되어 인생에 대한 해석을 시도한다. 우리는 다양한 이야기를 통해 수많은 사람의 관점에서 세계를 바라보고 간접 체험의 범위를 점차 넓혀 가고 있다. 이는 인간과 세계가 조화를 이루어가는 하나의 방식이라고도 할 수 있다.

인류 최초의 서사시로 알려지는 호메로스의《일리아스》에서 보듯이 이야기는 인류 역사와 시간을 함께해왔다. 그래서 고대부터 현재, 어린아이부터 노인에 이르기까지 이야기는 끊임없이 흐르며 그 기능은 세대를 넘어 유지된다. 반면 이야기를 공유하는 방식은 계속해 변하고 있다. 이야기를 담는 도구인 각종 매체 기술이 발달하며 이야기의 향유 형태도 시시각각 다양해지고 있다. 암각화의 기호에서 종이책을 거쳐 이제는 소셜네트워크서비스Social Network Service, SNS에 이르렀다. 하지만 시대와 기술의 발전에 따라 변화를 겪는다 하더라도 이야기의 본질적 속성은 변하지 않고 이어질 것이다.

인지심리학자인 로저 섕크와 로버트 아벨슨은 이야기가 인류의 지식 축적에 핵심 역할을 하고 있다고 주장했다. 인간의 뇌는 본인이 중요하다고 판단한 사실에 대한 기억을 이야기 형태로 저장하기 때문이라고 한다. 그들에 의하면 인간의 뇌 안에는 이야기를 저장하는 영역episodic-memory region이 별도로 있다. 더구나 이야기를 기억할 수 있는 용량은 다른 기억 용량에 비해 엄청나게 크다. 살아가면서 헤아릴 수 없을 정도의 많은 이야기를 들었음에도 쉽게 잊히지 않는 것만 봐도 이를 확인할 수 있다. 이처럼 오랜 시간 동안 뇌 속에 저장된 이야기는 그 사람의 의식과 무의식을 통해 행동의 변화를 일으키며, 다른 사회 구성원들의 행동에까지 영향을 미치면서 궁극적으로는 사회 전반에 영향을 끼치게 된다.

이야기는 사람들 간의 관계와 특정 대상에 대한 감정도 변화시킨다. 인지심리학자 오틀리가 2006년과 2009년 두 번에 걸쳐 대학생을 대상으로 진행한 연구에 따르면 소설을 더 많이 읽는 학생일수록 그렇지 않은 학생들에 비해 관계를 맺는 능력이 더 뛰어났다.

또한 미국의 뇌신경과학과 인지심리학 분야 권위자 로버트 스턴버그 박사는《사랑은 이야기다: 관계에 대한 새로운 이론》에서 성공적인 결혼 생활을 하는 부부들은 공유할 수 있는 그들만의 이야기를 만들어낸다고 말했다. 이들은 함께 나눈 일련의 기억들을 바탕으로 이야기를 창조해내고, 그 이야기를 통해 서로에 대한 애정과 결혼의 가치를 확인한다. 스턴버그 박사에 따르면 결혼의 성공 여부는 서로에 대한 믿음이 공동의 이야기 형태로 반복되면서 둘 사이의 관계를 얼마나 더 돈독하게 해줄 수 있는가에 달려 있다.

이들의 연구를 인용하지 않더라도 일상의 관찰을 통해 똑같은 결론에 도달할 수 있다. 소설을 많이 읽은 사람은 다양한 화젯거리를 갖고 있어 주변에 사람이 많을 것이고 식탁에서 많은 대화를 나누는 부부의 집은 자연스레 화목할 것이다.

에비앙 생수의 마법

· ·

스토리는 평범해 보이는 제품도 한순간에 특별한 것으로 바꾸는 마법을 부린다. 많이 언급되는 사례가 프랑스의 고급 생수 '에비앙'에 얽힌 이야기다. 에비앙을 판매하는 회사 다농에 따르면 에비앙의 역사는 '예수의 기적'을 연상시킨다고 한다. 프랑스 혁명이 일어나던 해인 1789년, 하얗게 눈 덮인 알프스산맥 한 자락에 있는 작은 마을 에비앙에 신장결석을 앓고 있던 귀족이 요양하러 방문했다고 한다. 그러던 어느 날 마을 주민으로부터 "이곳에 약효가 있는 우물물이 있다"라는 말을 전해 듣고는 그 물을 구해 마신 후 거짓말처럼 병이 깨끗이 나았다고 한다. 병이 나은 귀족은 우물물의 실체를 탐구하기 시작했다. 그 결과 알프스의 눈과 비가 15년에 걸쳐 얼었다 녹는 일련의 과정을 반복하면서 깨끗하고 미네랄도 풍부한 물로 정화되고 있다는 사실을 알게 되었다. 우물 주인은 이러한 사실을 전해 듣고 우물물을 상업적으로 판매하기로 결심했다. 1878년 처음으로 프랑스 정부로부터 공식 승인을 받아 상업화한 물이 바로 우리가 아는 그 에비앙이다.

여기까지만 들으면 "세상에, 에비앙이 그런 효능의 물이었구나. 이럴 수가!" 하고 감탄할 수 있지만 현혹되면 안 된다. 예전에는 신장결석에 걸리면 물을 많이 마셔 돌을 몸 밖으로 배출시키는 치료법을 쓰기도 했다. 그래서 이 병에 걸린 환자들은 치료를 위해 맥주를 잔뜩 마시기도 한다. 결론적으로 물을 많이 마셔서 나은 것은 맞지만, 꼭 에비앙이라는 물을 마셔서 나은 것은 아니다. 이런 세부적인 내용과는 상관없이 이 생생한 스토리는 다른 생수와 비교해서 미네랄이 조금 더 많을 뿐인 에비앙을 단숨에 세계에서 제일 잘 팔리는 생수의 위치로 올려놓았다.

스토리를 활용한 마케팅이 다른 수단들에 비해 강한 파급력을 갖는 이유는 마치 전염병처럼 급속도로 퍼지기 때문이다. 인류가 집단을 이루어 살기 시작하면서부터 사회적 관계 맺기는 복잡하고 어려운 일이었다. 집단의 다른 구성원이 누구이고 그가 무엇을 하는지 세세하게 알기 힘들었다. 그래서 서로에 대한 정보를 확산시키는 효과적인 방법의 하나로 이야기를 만들어 주고받게 되었다. 오래전부터 인간에게 이야기는 정보를 습득하고 대인관계를 맺는 데 중요한 도구였다. 인류의 진화 과정 전반에서 이야기를 주고받은 흔적이 목격되는 이유이다.

에비앙 생수 사례처럼 스토리는 좁게는 마케팅의 효과적인 매개체로, 넓게는 기업 전략 결정의 도구로 활용된다. 사람들은 제품의 성능이나 기업의 이름은 기억하지 못하더라도 그 제품 또는 기업이 품고 있는 이야기는 오랫동안 기억한다. 이제는 이야기가 없는 인간의 삶은 상상할 수 없다. 그뿐만 아니라 이야기가 없는 제품이나 기업은 매력이 저평가되는 것을 피할 수 없게 되었다. 스토리를 디자인하는 능력이 필수가 된 것이다.

스토리의 무궁무진한 활용

• •

　캐릭터를 전면에 내세운 비즈니스의 성장 속도가 가파르다. 캐릭터 활용은 소비자의 다양한 구매 욕구와 감각적인 소비 형태에 부합하기에 기업들의 주요한 마케팅 수단으로 자리매김하고 있다. 시각적 이미지를 통해 고객의 구매 욕구를 충족시키고 소비자와 교감을 나눌 뿐 아니라 심미적 만족까지 채워줄 수 있는 감성에 소구하는 기법인 것이다. 그런데 성공한 캐릭터들이 지닌 공통점을 찾을 수 있다. 스토리를 정교하게 디자인하여 캐릭터를 입체감 있게 표현한다는 것이다.

　스토리와 캐릭터는 불가분의 관계이다. 대중 매체의 콘텐츠 자극 강도가 높아지는 환경 속에서 해당 캐릭터에 독자적인 이야기를 입혀 소비자들의 눈과 귀를 끌고 있다. 마치 실존하는 듯한 캐릭터를 정교하게 만들어야 한다. 카카오프렌즈의 대표적인 캐릭터인 라이언은 '아프리카 둥둥섬의 왕위 계승자였으나 자유로운 삶을 위해 집에서 도망쳐 나온 갈기와 꼬리가 없는 수사자'라는 조선의 양녕대군을 연상시키는 출생 스토리를 갖고 탄생했다. 이후 카카오프렌즈의 기록적인 매출 상승에 기여하고 국내 캐릭터 선호도 평가 1위에 오르면서 '라 상무'에서 '라 전무'로 특별 승진했다는 오피스 스토리가 추가로 만들어졌다. 이처럼 그저 하나의 탄생 스토리에서 그치지 않고 지속적으로 관리하며 새로운 이야기를 끊임없이 재생산함으로써 대중의 관심을 잃지 않은 것이다.

유명 캐릭터 하면 빼놓을 수 없는 존재가 바로 교육방송 EBS 〈자이언트 펭 TV〉의 주인공인 '펭수'이다. 펭수는 본래 최고의 크리에이터를 꿈꾸는 EBS 연습생이라는 스토리를 가지고 태어났다. 애초에는 초등학생을 대상으로 제작된 캐릭터였다. 하지만 오히려 직장 생활에 지친 20~30대 사회 초년생들이 펭수가 던지는 돌직구 발언에 대리 만족을 느끼면서 성인들 사이에서 라이징 스타로 등극했다. 스타트업에서 유행하는 빠른 스토리 피봇팅pivoting을 진행한 것이다.

이처럼 내로라하는 캐릭터들은 저마다의 탄탄한 스토리를 가지고 대중에게 대리 만족을 넘어서는 정서적 공감대를 형성하며 성공적으로 자리매김하고 있다. 이렇게 대중의 관심을 사로잡아 자리 잡은 캐릭터가 있는 반면 기억에서 가물가물해진 캐릭터도 있다. 잠실 석촌호수 근방에서 오랜 기간 서식하고 있는 너구리 '로띠'나 용인 지역 넓은 땅을 배회하는 새끼 사자 '레니'와 '라라'의 스토리에 대해 들어보았는가? 각인되는 스토리가 없으니 캐릭터 또한 존재감이 미미해졌다.

대중에게 큰 인기를 끈 영화나 드라마, 소설 또는 게임도 매력적인 스토리를 바탕으로 하고 있다. 2021년 세계적인 흥행 돌풍을 일으킨 넷플릭스 드라마 〈오징어 게임〉은 456억 원의 상금이 걸린 의문의 서바이벌 게임에 참가한 사람들의 목숨을 건 도전 이야기를 그려내서 큰 성공을 이루었다. 무엇이 이 드라마의 성공을 견인했을까? 성공의 핵심에는 목숨을 건 서바이벌 게임이라는 잔인하고 섬찟하지만 낯설지 않은 스토리가 자리 잡고 있다.

여전히 높은 시청률을 보여주고 있는 수많은 경연 오디션 프로그램에서도 실력은 물론이거니와 개인적으로 흥미로운 스토리를 가지고 있는 후보들이 좋은 성적을 거두는 것은 비공식적인 규칙이 되어버렸다. 그래서 실제 공연뿐 아니라 준비 과정이나 일상생활에 대한 영상이 방송 분량의 많은 부분을 차지한다. 이는 참가자들이 가지고 있는 스토리에 시청자를 몰입시키기 위한 장치다. 어릴 적 불우한 가정환경으로 부모님과 떨어져 조부모 아래서 어렵게 살아왔다는 가수 지망생, 수십 번의 오디션 탈락에도 굽히지 않고 '알바'를 전전하며 부단히 도전하는 연기자, 독설 가득한 평가를 퍼붓던 심사위원이었다가 "잃어버린 초심을 찾겠다"고 참가자로 내려온 힙합 가수, 그룹으로 같이 활동하던 시절 갈등으로 헤어졌다가 다시 컬래버 공연 무대를 만들면서 극적 화해를 하는 참가자, 이러한 스토리들은 대중의 공감을 불러일으켜 더 나은 결과를 만들어준다.

스토리가 영향을 미치는 분야는 이뿐만이 아니다. 몇 해 전까지만 해도 크게 주목받지 못했던 웹툰 시장은 이제 그 규모가 글로벌 100조 원 시대를 눈앞에 두고 있다. 우리나라에서도 네이버와 카카오 두 기업이 급성장한 글로벌 웹툰 시장에 앞다투어 진출했다. 이곳 역시 탄탄한 스토리가 바탕이 되지 않고는 성공을 거둘 수 없는 콘텐츠 분야이다. 웹툰은 비교적 적은 비용으로 스토리를 일차적으로 상용화할 수 있는데, 여기서 인기가 확인된 원작들은 동일한 스토리를 가지고 영화나 TV 드라마로 제작되어 더 큰 부가 가치를 만들어낸다. 원유原油에 비유되는 스토리 저작권IP을 갖출 수 있는 것이다.

기술의 발달로 스토리의 효과를 과학적으로 증명하려는 노력도 가시적인 결과를 보여주고 있다. 미국의 신경경제학자 폴 잭의 연구에 따르면 인간의 뇌 시상하부에 존재하는 옥시토신oxytocin이라는 물질은 강력한 이야기를 들었을 때 더 많이 분비되며 흥분이 최고조에 이르렀을 때는 코르티솔cortisol이라는 물질도 함께 분비된다고 한다. 또한 옥시토신이나 코르티솔은 사람을 행동하게 만든다. 이러한 과학적 근거를 토대로 스토리는 교육 현장에서 자주 활용되고 있다. 소위 공부 잘하는 아이들의 암기 방법을 잘 들여다보면 저마다 작은 스토리를 만들어서 활용하고 있다는 것을 쉽게 찾아볼 수 있다. 가령 과학 시간에 나오는 대기권의 층상 구조를 대류권, 성층권, 중간권, 열권으로 그냥 외우기보다 앞글자만 따서 '대학 가서 성공하려면 중학교 때부터 열심히 해야 한다'라는 문장을 만들어 외우는 식이다. 조금은 유치하지만, 그 기억은 오래간다. 최근 들어서는 딱딱한 수학 학습에도 스토리가 적극적으로 사용되고 있다.

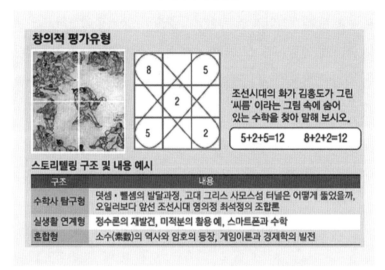

▶ 참고자료: 이명옥 · 김흥규,《명화 속 신기한 수학 이야기》, 시공아트, 2005

　요즘에는 정치판에서도 스토리의 활약상을 쉽게 찾아볼 수 있다. 21대 국회의원 총선에서 한 정당은 새로운 인재를 발굴하기 위해 키워드 검색을 진행했다고 전해진다. '워킹맘 성공 신화', '몸짱 소방관의 선행', '변호사의 스타트업 도전기' 등 당에서 원하는 인재상에 부합하는 키워드를 검색하여 개인이 가지고 있는 스토리를 공천의 기초 자료로 활용했다고 한다. 이는 예전에 연예인들을 발굴할 때 사용하던 '길거리 캐스팅' 원리를 온라인상에서 응용해 활용한 것인데 "개인의 성공 스토리만 있고 사회적 가치를 반영하는 스토리가 안 보인다"라는 일부의 비판을 받기도 했다. 하지만 이런 부정적인 목소리보다는 소셜네트워크의 발달로 본인의 의도와는 별개로 개개인의 스토리가 끊임없이 생산 및 확산되고 있으며, 이렇게 만들어진 스토리가 다양한 수요처에서 활용되고 있다는 사실이 먼저 보인다. 장기적인 시각으로 잘 디자인된 스토리를 가지고 있으면 많은 기회가 주어지는 시대가 도래한 것이다.

먹히는 스토리에는
나름의 디자인 공식이 있다

• •

스토리의 활용 범위가 넓어지면서 이제는 어떻게 하면 완성도 높은 스토리를 디자인할 수 있는가에 대한 논의가 활발하게 이루어지고 있다. 스토리의 특성상 100% 범용성을 갖춘 모범 답안은 없다. 하지만 우리는 억지스럽지 않고 대중에게 더 다가가는 공감적 요소가 풍부한 스토리를 완성도가 높다고 평가하고 있다.

일각에서는 스토리를 만드는 데 인공지능AI의 힘을 빌리려 시도하고 있다. 인간 고유의 영역이라고 여겨져 온 이곳저곳 분야에 AI가 도전하고 있다. 포스텍 연구팀이 개발한 AI 소설가 '비람풍'은 주제, 소재, 배경, 캐릭터 등을 입력하면 원하는 소설을 만들어준다. 스타트업 뤼튼테크놀로지가 개발한 'AI 글쓰기'는 다양한 형태의 글쓰기를 목표로 하고 있다. 마이크로소프트가 개발한 소프트웨어 프로그램 픽스2스토리Pix2story는 사용자가 원하는 사진을 정해 프로그램에 올리면 이미지와 관련된 스토리를 디자인해서 자동으로 글로 만들어준다. 시각적 시맨틱 임베딩 모델이 이미지를 분석한 후 캡션을 생성하고 픽스2스토리 애플리케이션이 캡션을 변환하여 스토리를 창작해나가는 기술이다. 이미 30만 개의 이미지를 이용해 임베딩 모델을 훈련했는데 데이터가 축적될수록 완성도가 높아지고 있다. '창작은 인간의 몫인가?'라는 공격적인 질문을 던지며 시詩까지 쓰는 AI 작가 '시아SIA'도 최근 국내에 등장했다. 그리고 팬들을 모아 시극詩劇을 직접 개최하기도 했다.

그러나 관련 기술의 발전에도 불구하고, 사람을 몰입시키는 스토리를 디자인하려면 결국에는 사람의 손이 필요하다는 것이 아직은 지배적인 견해다. AI가 축적된 데이터만으로 사람을 웃기고 울리는 스토리를 만들어내는 것은 현재로서는 역부족이다. 그렇다면 어떤 스토리가 잘 디자인되었다고 평가받는가? 흔히 말하는 잘 짜인 스토리를 모아보면 공통적인 메커니즘(공식)이 있다. 과연 성공하는 스토리에는 어떠한 공통점이 발견되고 있을까?

도널드 밀러의 《무기가 되는 스토리》에서 잘 디자인된 스토리에 대한 힌트를 얻어보자.

1단계: 무언가를 원하는 어느 '캐릭터'가

2단계: '난관'에 직면한다

3단계: 절망이 절정에 달했을 때 '가이드'가 등장하고

4단계: '계획'을 제시한다

5단계: 필요한 '행동을 촉구'한다

6단계: 그 행동 덕분에 '실패'를 피하고

7단계: 최종적으로 '성공'으로 끝맺는다

플롯을 구성하는 이러한 7가지 포인트는 음악으로 치면 멜로디 코드와 유사해서 이것을 가지고 만들어낼 수 있는 스토리의 종류는 무궁무진하다. 마치 기타를 연주할 때 7개의 코드만으로도 얼마든지 새로운 노래를 창작할 수 있는 것처럼 말이다. 그러나 익숙함의 반복일 때는 진부해지고 심한 변형으로 과하게 일탈하면 소음으로 변질되어 아무런 감흥을 주지 못한다. 낯설지 않음과 과도한 일탈 사이에서 균형점을 찾는 어려운 줄타기가 필요하다.

위에서 말한 스토리 브랜드의 공식이 어떻게 적용되는지 국내를 넘어 세계인의 마음까지 사로잡은 〈오징어 게임〉의 스토리에 적용해보자.

1단계: 무언가를 원하는 어느 '캐릭터'가

→ 경제적으로 어려운 상황에 직면하여 생활고 때문에 큰돈이 필요한 주인공이

2단계: '난관'에 직면한다

→ 다른 참가자들과의 갈등과 암투, 생명까지 걸어야 하는 높은 난이도의 게임, 한 치 앞이 보이지 않는 미래 등 여러 난관에 직면해 포기하려고 한다.

3단계: 절망이 절정에 달했을 때 '가이드'가 등장하고

→ 번번이 탈락 위기에 처할 때마다 1번 참가자 '오일남' 할아버지가 예상치 않은 도움을 주고

4단계: '계획'을 제시한다

→ 인생의 깊은 조언과 함께 각 게임에서 승기를 잡을 수 있는 비법에 대한 힌트를 준다.

5단계: 필요한 '행동을 촉구'한다.

→ 포기하지 말고 게임에 정진해서 승리할 수 있다는 자신감을 옆에서 계속해 북돋아준다.

6단계: 그 행동 덕분에 '실패'를 피하고

→ 주인공은 위기의 순간마다 조력자의 조언을 떠올리며 역경을 하나씩 딛고 게임 하나하나에 승리해나간다.

7단계: 최종적으로 '성공'으로 끝맺는다

→ 마침내 최종 우승을 달성하여 상금 456억 원을 거머쥔다.

단순하고 쉽고 명확하다. 그래서 국경을 초월하여 공감을 얻을 수 있었다. 이렇듯 잘 짜인 스토리는 접하는 사람들에게 어떠한 메시지를 전달하겠다는 확실한 의도 아래 만들어진다. 스토리 주인

공의 가장 중요한 특징은 어떤 목표를 이루고자 하는 강렬한 열망을 품고 있다는 것이다. 즉 무언가를 원하는 캐릭터(주인공)가 스토리의 가장 기본적인 구성 조건이 되는 것이다. 이는 주어진 목표를 달성해야 하는 비즈니스와 같은 점이다. 이때 주인공은 어느 정도 대중과의 공감이 가능한 인물이어야 한다. 왜냐하면 공감이 몰입도를 높여주어 대중으로 하여금 앞으로의 전개를 궁금하게 만들어야 하기 때문이다. 대중의 감정 이입과 공감을 도우려면 주인공의 내적 심리 상태를 어느 정도 짐작할 수 있어야 한다. 이렇게 만들어진 목표 의식이 있는 주인공은 난관에 직면하고 절망의 상황을 겪게 되지만 어려움이 절정에 이르렀을 때 등장하는 가이드를 통해 계획을 세우고 행동으로 옮겨 마침내 실패를 피하고 성공이라는 결과를 맞는 것이다. 그리고 그 주인공의 성공은 그와 마음이 동화된 보는 이에게도 성공의 기쁨을 가져다준다. 험난한 외부 환경에서 다양한 이해관계자들의 도움을 받아 내부 역량을 효율적으로 활용해 주어진 경영 목표를 달성해야 하는 비즈니스의 성공 방식도 이와 다르지 않다.

아리스토텔레스는 성공적인 이야기 구조에 대해 강조하면서 무엇보다 유기적 통일성을 이야기했다. "스토리에서 어느 한 부분을 없애버리거나 옮길 때 전체가 어긋나거나 손상을 입어서는 안 된다. 어떤 부분이 있건 없건 별 상관이 없다면 그것은 전체 구성이 유기적이지 못한 것이다." 아리스토텔레스는 신과 자연의 법칙이나 포상과 같은 예외적인 경우를 제외하고는 유기적인 통일성에서 어긋나서는 안 된다고 밝혔다. 아리스토텔레스가 주장한 성공적인 이야기의 구성은 3단계로 나눌 수 있는데, 시작 단계에서 주인공 또는 주인공의 욕망(이루고자 하는 일), 그리고 적대자가 출현하며 전반적인 긴장을 유발한다. 그다음 중간 단계에서 적대자가 더욱 부각되며 이야기의 갈등 구조는 확장되고 또 다른 적대자(또는 장애물)가 등장하고 그(것)들과의 간극이 연출된다. 그리고 마지막 끝 단계에서는 적대자 및 장애물과의 갈등에서 변화가 일어나고 협조자가 등장하여 성공이나 실패의 결론에 도달한다.

말하는 이마다 조금씩 달리 표현했지만 결국 잘 짜인 스토리, 성공적인 이야기가 만들어지는 공식은 대동소이하다. 그리고 우리는 이러한 스토리 디자인이 갖추어진 이야기일수록 더 깊이 빠져들게 된다.

당의정도 진실성을 놓치지 말아야 한다

• •

앞에서 잘 만들어진 스토리의 공식을 얘기해보았다. 하지만 픽션이 아닌 논픽션, 즉 현실 스토리에서는 하나 더 요구되는 게 있다. 바로 스토리 디자인을 관통하는 조건인 '진실성authenticity'이다. 아무리 매력적이더라도 진실성을 놓친 스토리는 현실 세계에서는 사상누각으로 한순간 무너진다. 픽션과 현실 세계의 스토리가 이 부분에서 명확히 다르다는 것을 분명히 주지해야 한다.

'차세대 스티브 잡스'로 불리며 각종 비즈니스 잡지의 표지를 장식했던 주인공 엘리자베스 앤 홈즈Elizabeth Anne Holmes가 스타트업 테라노스Theranos를 설립해 세계 최연소 자수성가 억만장자 여성 CEO라는 타이틀을 거머쥐었던 때가 불과 얼마 전이다.

테라노스는 손끝에서 뽑은 피 한 방울로 약 250여 종의 질병을 진단할 수 있다는 의료 키트 '에디슨'을 개발했는데, 이 키트 하나로 순식간에 미국 최고의 메디컬 유니콘 기업이 되었다. 미디어 재벌 루퍼트 머독, 오라클 래리 엘리슨 회장, 월마트를 운영하는 월튼 패밀리의 연이은 투자는 이 회사의 주가를 더욱 높여주었다.

그렇다면 홈즈는 어떻게 단시간에 '여자 스티브 잡스'라는 타이틀을 거머쥘 수 있었을까. 그것도 정밀한 검증 시스템을 갖추고 있다는 미국에서 말이다. 미국의 투자자들은 스타트업을 평가할 때 스토리와 창업자의 캐릭터에 후한 점수를 주는 경향이 강하다. 그 중에서도 홈즈는 특히 실리콘밸리에서 선호하는 '영웅 서사'에 최적화된 캐릭터였다.

우선 그녀는 많은 천재 기업가들이 갖춘 대학 자퇴 스펙을 따랐다. 우리가 잘 알고 있는 빌 게이츠나 마크 저커버그 외에도 본인이 롤모델로 삼고 있던 스티브 잡스처럼 그녀도 명문 스탠퍼드대학교를 스스로 일찍 그만두었다. 하필 이 스탠퍼드대학교가 창업의 메

엘리자베스 앤 홈즈를 기사화한 여러 잡지

카라 불리던 곳이라 대중에게는 강하게 각인되었다. 또한 본인의 외형적 요소를 스토리에 맞게 철저히 재구성했다는 점도 유리하게 작용했다. 이지적이고 냉철한 엘리트 이미지는 투자자들의 마음을 끌어당겼을 뿐 아니라 원래 갈색이었던 머리도 금발로 염색해 인상을 더욱 또렷하게 만들었다. 더 나아가 일부러 저음 목소리를 연습하여 자신의 외적 이미지를 철저히 디자인하였다. 여기에 항상 입고 다니던 검은색 터틀넥은 디자인의 화룡점정이라고 할 수 있다.

터틀넥을 입고 일하는 그녀를 보는 모두에게 '그분'이 자연스럽게 오버랩되었다.

이처럼 엘리자베스 앤 홈즈가 단시간에 여자 스티브 잡스가 될 수 있었던 가장 큰 이유는 그녀의 스토리 디자인이 나름 잘 구성되었기 때문이다. 하지만 그녀의 연구가 "사기에 가깝다"라는 내부 고발자의 폭로 이후, 〈월스트리트 저널〉의 탐사 보도가 스토리의 진실을 집중적으로 파고들었다. 결국 자체 기술이 아니라 외부에서 사용하는 혈액검사 기계를 이용해 결과를 유리하게 조작했다는 사실이 밝혀졌다. 이 허상의 스토리는 초기에는 크나큰 돌풍을 일으키며 대중의 이목을 끌었지만 거짓으로 점철된 스토리라는 것이 밝혀졌다. 어쩌면 당연하게도 스토리의 주인공은 끝 모를 몰락의 구렁텅이로 추락하고 만다. 진실성의 부재는 그녀를 법정으로까지 끌고 갔고 결국 유죄판결을 받게 된다. 한 가지만 빼고는 완벽했던 그녀의 스토리를 디즈니플러스가 〈더 드롭아웃The Dropout〉이라는 드라마로 만들었다. 다큐멘터리가 아닌 드라마에서는 진실성까지 요구받지 않아서 다행이다.

주의할 점은 진실을 잃은 스토리, 터무니없는 이야기일수록 그럴듯하다는 것이다. 때로는 진실성의 결여가 듣는 이들을 확증편향confirmation bias에 빠뜨려 터무니없는 제안도 그럴듯하게 만드는 마법을 부릴 수 있다. 확증편향은 자신이 가지고 있는 가치관이나 신념, 판단과 부합하는 정보에만 주목하고 그 외의 정보는 무시하는 사고방식을 말한다. 대규모 자금이 투자되는 경우에는 그 위험성이 더욱 커진다.

1975년 세계적인 오일 쇼크가 일어나 원유 가격이 폭등하던 시기에 프랑스 국영 석유 회사 엘프 아키텐은 기술 사기에 휘말려 큰 곤욕을 치렀다. 일반적인 시추 방법과는 달리 땅을 굴착할 필요 없이 특수 장비를 갖춘 비행기가 높은 고도에서 석유 냄새를 탐지해 채굴한다는 매력적인 스토리가 경영진을 단번에 매료시킨 것이다. 꼼꼼한 실사를 진행하기보다는 일부 경영진의 직관에 의지한 채 대규모 투자를 서둘러 진행하였다. 큰 비용이 들고 실패 가능성도 높은 기존 채굴 방식의 위험을 낮추어 엄청난 부를 만들 수 있을 것이라는 기대는 얼마 가지 못했다. 과감한 도전에 따른 실패라기보다는 허황한 거짓말에 속은 것으로 밝혀진 이 투자로 인해 프랑스 정부는 당시 5억 프랑의 큰 손해를 보았다.

아이러니하게도 세월이 흘러 2004년 미국에서도 이와 거의 판박이인 스토리가 사람들을 다시 현혹했다. 석유 관련 업무 경험이 전혀 없었던 나사NASA 엔지니어 출신의 엘런드 올슨이 비행기를 이용한 석유 탐사 기술을 완성했다며 자랑하고 다녔다. 투자은행IB 골드만삭스와 벤처캐피털VC 클라이너 퍼킨스는 그가 설립한 스타트업 테럴리언스에 무려 5억 달러를 투자했다. 하지만 이때 또한 매력적인 스토리가 담긴 제안서가 전부였다. 혹했던 기대만큼 투자금은 한순간 훅 날아갔다.

최첨단 과학기술이 고도로 발달한 현대사회에서 이런 일은 정말 일어나지 않을 것 같지만 실제는 그렇지 않다. 잘 만들어진 이미지에 대중을 자극하기에 충분한 그럴듯한 스토리까지 겸비한 사람이 아직 풀리지 않은 난제를 다른 사람은 생각지도 못한 참신한 방법으로 풀어낸다는 이야기는 사람들의 지갑을 쉽게 털어간다. 그래서 주식시장에서의 작전에는 항상 매력적인 스토리가 뒤따른다. 1905년 러일 전쟁 당시 금괴를 가득 싣고 울릉도 인근에 수장된 '돈스코이' 군함이나 팬데믹을 단번에 치료할 수 있는 신약 개발 이야기들은 한없이 솔깃하며 사람들을 쉽게 빨아들인다.

억지스러운 스토리는 개연성을 잃는다

· ·

주인공이 시청자들로부터 '불사조'라는 별명을 얻을 정도로 생명이 위험한 상황에서도 운 좋게 연이어 살아남는다. 심지어 폭발로 전소한 자동차 안에서도 상처 하나 없이 멀쩡하게 걸어 나온다. 때로는 죽은 이의 쌍둥이 형제자매가 한 번도 아니고 여러 번 나타나 복수를 대신 맡아준다. 시즌 3로 그 대장정을 마무리한 SBS 드라마 〈펜트하우스〉의 이야기다. 이 드라마는 시즌 1에서 선풍적인 인기를 끌며 약 1년이라는 기간 동안 무려 시즌 3까지 방영되었다. 안타깝게도 초반부 인기를 얻었을 때와 종영 때의 시청률을 비교해보면 초라한 퇴장이었다. 이른바 가진 자들의 욕망과 이중적인 민낯을 다룬 서스펜스 복수극으로 처음에는 사랑을 받았으나, 회를 거듭할수록 자극적인 사건에만 의존하는 스토리 진행은 결국 대중에게 피로감만 안겼다. 한 시즌으로 충분히 끝날 수 있었던 이야기를 무리하게 이어가려다 보니 배가 산으로 가는 상황이 연출되었다.

우리 주변에서는 더 큰 효과(혹은 인기)를 더 오래 누리고 싶은 욕심으로 종종 억지스러운 스토리 전개를 이어나가는 경우를 쉽게 볼 수 있다. 하지만 개연성을 상실한 스토리 전개는 보는 이들의 반발만 일으킨다. 마치 신비한 색으로 사람을 홀리는 버섯을 보고 호기심을 가졌던 사람들이 맹렬한 독을 품은 독버섯이라는 것을 알고 나서 내치는 경우처럼 말이다.

개연성이란 등장인물들의 행동이나 스토리 안에서 벌어지는 사건이 원인과 결과가 들어맞으며 앞뒤가 자연스럽게 이어지는 것을 의미한다. 즉 현실화될 수 있는 확실성의 정도이다. 예를 들어 사회적 부조리에 분노하여 맞서 싸우던 주인공이 뜬금없이 탐욕의 화신이 되어 나쁜 짓에 앞장서거나, 얼굴에 점 하나를 찍었는데 모든 사람이 다른 사람으로 알아보거나 하는 것처럼, 등장인물의 행동이나 사건의 인과관계가 정교하지 않거나 설명이 생략되면 개연성이 낮다는 말을 듣게 된다. 스토리의 개연성은 그것을 접하는 대중의 시선으로 판단받는다. 스토리의 창작자가 어떤 상상의 나래를 펼치든 상관없이 사람들의 눈에 보이는 부분으로 평가받는 것이다. 따라서 창작자가 아무리 숨겨진 설정을 미리 준비해놓았다 하더라도 스토리를 접하는 대중이 이 실마리를 눈치채지 못한다면 그것은 현실성 없는 스토리로 치부된다.

스토리에서 개연성이 중요한 이유는 대중의 공감과 직결되기 때문이다. 사람들은 스토리를 통해 추론하고 공감한다. "아깝다, 내가 저 상황이라면 다른 식으로 해볼 수 있을 텐데", "어… 내가 생각했던 대로 되고 있네", "가족보다 더 믿고 있는 친구가 뒤에서 음모를 꾸미고 있다는 것을 알려줘야 하는데 말이야" 등의 몰입을 자연스럽게 만드는 것이다.

그렇다고 해서 개연성만 지나치게 강조하면 이 역시 다른 부작용을 가져올 수 있다. 요즘 다양한 콘텐츠에서 논란이 되는 이른바 '떡밥 회수'가 그것이다. 쉽게 말해 떡밥을 잘 뿌려서 회수하면 스토리에 대한 평이 좋아지고 반대로 떡밥을 아예 안 뿌린다거나 여기저기 뿌려놓은 떡밥을 나중에 회수하지 못하면 반응이 좋지 않다. 그래서 창작자가 여러 해석을 열어두기 위한 은유나 상징으로 심어둔 대사나 연출을 보고 '떡밥이네' 하고 생각했다가 이에 대해 구체적인 설명이 없으면 "떡밥 회수를 안 했다"라고 '악플'이 달리기도 한다. 특히 웹소설이나 웹툰에서 이런 경우를 자주 볼 수 있다. 특성상 하루 1회 또는 2회가 연재되기 때문에 상대적으로 짧은 시간에 많은 분량이 압축적으로 나와야 한다. 연재 과정에서 작가는 몰입 장치로 빈번하게 떡밥을 던진다. 그리고 그 떡밥은 몇 화 안에 회수해야 한다. 그러지 않으면 독자들은 앞에 나왔던 떡밥이 무엇이었는지를 기억하지 못하게 되고, 작가는 떡밥 회수에 실패했다는 비판을 받게 된다.

스토리 진행을 부르는 이름들

· ·

서사, 내러티브, 플롯, 스토리 라인, 장르. 이 말들은 넓게는 스토리의 진행이나 흐름을 설명하는 용어들이다. 뭉뚱그려 '스토리'라는 말로 쓰기도 한다. 먼저 각각이 가지고 있는 사전적 의미를 살펴보자.

- 서사敍事: 어떤 사건이나 상황을 '시간의 연쇄'에 따라 있는 그대로 적는 기술 양식을 말하는데 가끔은 '내러티브'를 '서사'라는 말로 번역하기도 한다.
- 내러티브Narrative: 실제 혹은 허구적인 사건을 설명하는 것, 또는 기술(記述)이라는 행위에 내재된 이야기적인 성격을 지칭한다. 넓게는 시간과 공간에서 발생하는 '인과관계로 엮어진 실제 혹은 허구적 사건들의 연결'을 의미한다.
- 플롯Plot: 사건을 '인과관계에 따라 필연성 있게 엮는 방식'을 말

한다.

- 스토리 라인Story line: 이야기, 소설, 영화, 방송 프로그램 시나리오의 구성과 전개를 의미한다.
- 장르Genre: 프랑스어로 종류를 뜻하는 말로 이야기나 예술 작품이 가진 성격을 커다란 카테고리로 묶어 대략적인 작품의 내용을 정의하거나 분류하는 의미로 쓰인다.

스토리는 인간의 삶 전반에서 다양한 모습으로 또 제각각의 목적을 갖고 존재한다. 이렇게 다양한 표현 방식과 기능에 비례하여 스토리 흐름을 의미하는 용어 역시 위에 제시한 5가지 외에도 더 많다. 좁은 의미에서 보면 우리가 즐겨 보는 TV 프로그램 대본이나 영화의 시나리오도 하나의 스토리이고, 넓은 의미에서 한 기업이 성장한 연혁 또한 스토리라고 할 수 있다.

그렇다면 우리는 스토리 흐름을 의미하는 다양한 이름들을 매번 엄격하게 구분해서 사용해야 할까? 여기에 대해서는 각자가 의견이 있을 것이다. 각각의 스토리가 활용되는 목적이 다르기 때문에 분명한 명칭에 의한 구분이 필요하다는 의견과 어차피 큰 의미로 스토리 전개를 뜻하는데 굳이 부르는 이름이 중요하냐는 목소리가 있다. 나는 후자의 생각에 더 공감한다. 물론 목적에 따라 명칭을 구분해 사용하는 것이 필요할 때도 있지만, 스토리가 가지고 있는 고유의 특성상 명칭보다는 담고 있는 내용에 방점을 두는 것이 옳다고 생각한다. 하물며 픽션이 아닌 현실을 다루는 '파이낸셜 스토리 디자인' 차원에서는 더욱 그러할 것이다. 앞으로 이 책에서는 현실 세계의 스토리 흐름에 대해서는 인과성이 강조된 용어인 '플롯'을 사용할 것이다.

스토리 전성시대, SNS로 날개를 달다

우리가 살아가는 현대사회에서는 어느덧 SNS가 삶의 일부를 차지하게 되었다. 아니, 어떻게 보면 SNS가 우리가 달성하고자 하는 일의 성공 여부의 많은 부분을 좌우하고 있다. 사람들과의 소통 수단으로 시작된 SNS는 이제 개인을 어필하는 공간이 되었고, 나아가 기업을 알리고 사회 구성원들을 이어주는 등 그 기능과 영향의 범위가 쉽게 가늠할 수 없을 정도로 확장되었다. 혹자는 SNS가 현대인의 삶을 지배하는 것에 대해 부정적으로 비판하기도 하지만 현재의 우리 사회를 설명하는 데 SNS를 빼기는 어렵다. 사업을 운영하는 일, 무엇인가를 알리는 일, 자신의 감정을 전달하는 일, 때로는 위로받고 다른 사람의 이야기에 공감하는 일 등 공적 영역부터 사적 영역까지 SNS가 그 역할을 맡고 있다.

SNS 또한 다른 매체들처럼 스토리 디자인에 따라 그 효과가 배가되거나 감쇄한다. 대표적인 SNS 중 하나인 인스타그램은 아예 스토리 기능이 따로 있다. 단 24시간 동안만 저장되는 콘텐츠인 '인스타그램 스토리'는 계정 주인이 가지고 있는 현재 생각과 모습을 즉각적으로 보여주면서 대중의 호기심과 관심을 끄는 데 활용된다. 왜 일부 연예인들이 자기 입장을 기자회견이나 보도문으로 발표하는 것이 아니라 인스타그램 스토리로 작성하는지 이유를 알수 있다. 인스타그램은 물론이고 트위터나 페이스북, 그리고 유튜브까지 다른 SNS 채널들의 기본이 되는 것도 역시 스토리다.

스토리와 미디어의 결합이라는 매력적인 조합을 가진 SNS는 무

인스타그램 스토리 이미지

궁무진한 스토리의 집합체라고 부를 수 있을 정도로 다양한 방식으로 이야기를 만들어 대중에게 다가가고 있다. 그런데 소위 잘나간다는 SNS상의 스토리에서는 몇 가지 공통점이 발견된다.

우선 대중의 관심으로 움직이는 채널인 만큼 대중의 이목을 끌 수 있는 재미가 중요하다. 다시 말해 많은 사람이 흥미를 느낄 수 있어야 한다. 바로 이 부분이 기존의 뉴스나 보도 자료, 여타의 글과 SNS 스토리가 구분되는 점이다. 아무리 좋은 이야깃거리라고 하더라도 시시각각 넘쳐나는 SNS의 홍수 속에서 살아남기 위해서는 화제성을 갖추는 것이 필요하다. 이를 위해서는 대중에 대한 냉철한 분석이 우선되어야 한다. 기업인이라면 '우리 회사 제품을 구매하는 연령층은 어떤가?', '고객들이 구매하는 주요 시간은 언제인가?', '주 구매층이 SNS 플랫폼으로 무엇을 많이 이용하는가?' 등에 대한 정확한 데이터를 구하는 것에서부터 시작해야 한다.

다음으로는 지속성을 가지고 있어야 한다. 대부분의 SNS는 매일 매시 시시각각으로 업데이트하는 것을 기본으로 한다. 오늘의 스토리, 내일의 스토리가 있고, 짧게는 지금의 스토리, 몇 분 후의 스토리가 또 있는 것이다. 물론 단순한 홍보 계정이라면 굳이 지속성을 고려하지 않아도 되지만, 보통은 최신 스토리로 보이는 만큼 지속성 있는 이야기를 올리는 것에 신경 써야 한다. 주기적으로 업데이트를 하면 지속성은 자연스레 따라온다. 이를 통해 예측 가능함과 꾸준함을 보여줄 수 있다.

또한 SNS 스토리 역시 진정성을 기본으로 갖추어야 한다. 우리는 종종 진정성을 잃은 SNS 인플루언서들이 한순간에 추락하는 경우를 접한다. 본인이 직접 디자인·제작한 신발이라는 콘셉트로 유명해진 한 인플루언서가 뒤늦게 도매 업체에서 구매한 제품을 판매 대행한 사실이 밝혀지면서 대중의 질타를 받고 계정을 삭제하는 일이 있었다.

또 많은 스타가 마치 본인 비용으로 구매한 제품인 것처럼 SNS에서 적극 홍보했던 것들이 사실은 금전적 대가를 제공받은 일종의 '광고'였다는 사실이 알려진 후 한동안 시끄러웠다. 영상을 매개로 소통한다는 점에서 넓은 의미의 SNS라고 할 수 있는 유튜브에서 특정 업체로부터 대가를 받고 제작한 콘텐츠에 유료 광고임을 표기하지 않는 것 또한 사람들을 불편하게 한다. 이후 '내돈내산(내 돈 주고 내가 산 제품)'이라는 신조어가 만들어졌다. 2020년 9월 1일부터 '추천·보증 등에 관한 표시·광고 심사 지침' 개정안이 시행되어 이것을 어기면 법적 처벌까지 받을 수 있게 되었으니 더욱 유의해야 한다.

마지막으로 SNS를 통한 스토리는 비주얼 부분도 신경 써야 한다. SNS상의 스토리는 내용 자체에 시각적인 매력 또한 더해야 한다. 스토리와 함께 첨부되는 사진이나 영상도 스토리의 한 부분으로 여겨지기 때문이다. 날것 그대로 전달되어야 하는 경우도 있고 트리밍(사진이나 영상의 보정)으로 눈에 거슬리는 부분들을 정리하면서도 충분히 리얼리티를 살려야 하는 경우도 있다.

SNS상에서의 효과적인 스토리 디자인을 6단계로 나누어 정리해보면 다음과 같다.

1단계: 이슈를 잡아라

→ 어떤 스토리든지 주제 선정이 중요하다. 시의성을 고려해야 한다.

2단계: 모드를 정하라

→ 어떤 콘셉트로 접근할지 스토리의 방향을 정한다. 게시 목적이 사실 전달인지, 의혹 해명인지, 대중 설득인지, 혹은 상품 소개 및 홍보인지를 정해야 한다. 필요에 따라 무한 반복 및 노출을 진행한다.

3단계: 도구를 정하라

→ 사진이나 동영상 등 첨부할 자료를 먼저 정한 다음 이야기를 작성한다. 시각 자료를 우선적으로 정하기 때문에 여느 글쓰기와는 분명히 다른 문법 형식이 필요하다.

4단계: 순서를 정하라

→ 스토리 모드에 맞게 사진이나 동영상 등의 부가 자료의 배치 순서를 정한다. 배열 순서에 따라 스토리 전개가 달라진다.

5단계: 텍스트로 살을 붙여라

→ 사용한 도구들의 사이사이 공백을 텍스트로 연결한다.

6단계: 막판 뒤집기를 하라

→ SNS에서의 스토리텔링 핵심은 재미와 정보이다. 이를 위해 반어

와 역설, 상식을 비트는 방법을 자주 활용한다. 머릿속에 있던 예상을 뒤집음으로써 통쾌함을 줄 수 있다.

대부분 기업은 고유 SNS 계정을 운영하고 있다. 이 계정을 통해 창업 스토리나 제품 홍보와 같은 대중에게 어필하고 싶은 스토리를 게재한다. '빙그레우스'도 '삼양63'도 모두 인스타그램을 통해 등장을 처음 알렸다. 개인 인플루언서들도 본인이 사용하고 입고 즐기는 모든 제품에 스토리의 옷을 입혀 대중에게 소개하고 판매한다. 그야말로 스토리에 SNS라는 날개가 달린 것이다.

빙그레 인스타그램 계정 이미지

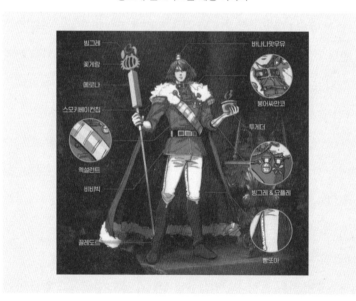

기업, 이제 파이낸셜 스토리로 도약하라

· ·

유니콘 기업은 기업 가치가 1조 원 이상이고 창업한 지 10년이 안 된 비상장 기업을 의미한다. 뿔이 하나 달린 전설의 동물 유니콘처럼, 상상 속에서나 있을 것 같은 놀라운 실적이나 우수한 성장 가능성을 통해 기업 가치가 높게 평가된 기업을 가리킨다. 미국의 모빌리티 플랫폼 기업 우버나 숙소 중개 플랫폼 에어비앤비가 대표적이다.

전설 속에서나 등장할 법한 유니콘 기업이 국내에서도 빠르게 증가하고 있다. 2014년 5월 국내 기업 최초로 유니콘 기업에 등극한 쿠팡을 시작으로 신사업에 진출한 스타트업들이 높은 몸값을 인정받고 있다. 중소벤처기업부에 따르면 국내 유니콘 기업은 2017년 3개사에서 2022년 9월 현재 31개사로 5년 만에 10배 증가했다. 특히 2021년에는 무려 7개 기업이 유니콘에 등극하며 국내 스타트업 전성시대를 열었다.

이 기업들 중 상당수가 우리가 한 번쯤은 접했을 법한 플랫폼 업체들로 채워져 있다. 2021년, 부동산 중개 플랫폼 '직방', 블록체인 기반 핀테크 기업 '두나무'와 '빗썸코리아', 신선 식품 등 전자상거래 플랫폼 마켓컬리를 운영하는 '컬리', 중고 거래 플랫폼 '당근마켓', 인테리어 커머스 오늘의집을 운영하는 '버킷플레이스', 전자책 등의 콘텐츠 플랫폼 '리디' 등이 새롭게 유니콘에 이름을 올렸다.

수십 년 동안 세계 최고의 기술력을 기반으로 조 단위 이상의 매출을 올리는 기업도 쉽게 근접하지 못하는 '기업 가치 1조 원'을 설립한 지 10년도 되지 않은 스타트업들이 달성할 수 있었던 비결은 무엇일까? 투자자들을 납득시킬 만한 '파이낸셜 스토리'가 바로 유니콘이라는 비밀의 문을 여는 열쇠다.

2000년대 들어 투자자들은 기업의 가치 평가 척도로 '에비타 멀티플EBITDA'이라는 개념을 활용했다. 에비타 멀티플은 '현재 벌어들이는 현금을 기준'으로 미래의 성장성을 고려해 기업 가치를 책정하는 가치 평가 기법이다. 쉽게 말해 기업을 인수해 향후 몇 년 내에 투자금을 모두 회수할지를 의미한다. 에비타 멀티플이 10배라면 10년, 20배라면 20년이 걸린다. 그러면 이 멀티플은 어떻게 결정되는 걸까? 상식적으로는 짧은 기간 내에 원금을 모두 회수해야 좋은 거래가 된다. 하지만 이 모든 수식은 '현재'에 초점이 맞춰져 있다. 미래 성장성이 높은 기업은 향후 더 많은 수익을 올릴 것이기에 더 비싼 가격을 지불해야 한다. 제조업 기업은 5~10배, 플랫폼 기업은 20배가량이 적정 가치로 인정받았다.

그러나 최근에는 이런 공식도 산산조각 났다. 산업의 판도를 완전히 바꾸는 게임 체인저들이 빠르게 부상하면서 일부 업종의 경우 멀티플 개념이 무의미해졌다. 수익이 없더라도 '의도된 적자'로 몸집을 키워 유통 시스템을 바꾼 쿠팡의 경우가 대표적이다. 쿠팡은 매년 수천억 원의 적자를 기록했지만, 당일 배송·새벽 배송을 통해 유통시장의 메기에서 공룡으로 급부상했다. 미국 나스닥에 상장해 한때 100조 원의 기업 가치를 인정받았다. 기존의 공식으로는 도저히 산출되지 않는 몸값이다.

여기서부터는 소위 '꿈의 기업 가치'가 측정된다. 평가를 위해 PDRprice to dream ratio(주가·꿈 비율) 개념까지 등장하였다. 미래를 어떻게 정밀하게 측정할 수 있을지는 그 누구도 모른다. 쿠팡의 사례를 참고해 현금 창출력 대신 연간 거래액GMV을 성장성 판단의 기준으로 삼는 경우도 있다. 기자로서 취재할 당시 들은 이야기 중 가장 놀란 부분은 당근마켓 투자 스토리다. 당근마켓은 외국계 벤처캐피털이 투자 검토를 할 때 월간 활성 사용자 수MAU만을 보고 3조 원의 기업 가치를 인정했다고 한다. 많은 사용자가 앱을 이용하면 비즈니스 모델을 쉽게 구축할 수 있다는 점을 눈여겨본 투자이다. 이런 새로운 지표가 등장하고 있지만, 여전히 이런 숫자가 기업 가치를 온전히 담아낼 수 있다고 그 누구도 확신하지 못한다.

기관 투자 업무만 10년 넘게 해온 베테랑 운용 인력도 유니콘 기업 투자를 할 때는 정밀한 숫자보다는 성장 스토리를 눈여겨본다고 한다. 즉 기업 성장성의 설득력이 있으면 그게 곧 기업 가치로 직행한다. 2021년 1,050만 대를 판매해 세계 1위에 오른 도요타의 시가총액은 300조 원대다. 반면 94만 대를 판매한 테슬라는 시가총액이 1,200조 원을 훌쩍 넘는다. 전기차 시장이라는 게임 체인저가 등장한 가운데 이 분야 선두 주자 성장 스토리를 써나간 테슬라의 가치를 전통의 강호 도요타보다 훨씬 높게 평가한다는 의미이다.

현대·기아차도 크게 다르지 않다. 2016년부터 2020년까지 박스권에 갇혀 주가 흐름이 지지부진했지만 2021년부터는 양상이 사뭇 달라졌다. 현대·기아차가 본격적으로 전기차, 수소차 등 친환경 차로의 변모를 시장에 약속하면서 기업 가치가 껑충 뛰었던 것이다. 2022년 상반기에는 판매량 기준 글로벌 톱3의 자리에까지 올랐다. 장밋빛 약속을 현실로 이루어낸 것이다. 이제 성장을 그리는 파이낸셜 스토리를 내재화하지 않은 기업은 자본시장에서 관심을 끌기 어려운 시대에 진입했다.

그렇다고 아무런 이야기나 넣는다고 기업의 매력도가 높아지지 않는다. 역사적으로 보면 몇 개의 공통적인 플롯들이 대중의 공감을 일으키고 인식의 전환을 가져왔다. 이러한 플롯을 비롯해 스토리 구성 요소에 대한 연구를 통해 기업이 어떻게 '흥망성쇠'에 직면했는지 살펴보면 더욱 유용한 파이낸셜 스토리를 만들어나갈 수 있을 것이다.

2장

.....

스토리 캔버스로
파이낸셜 스토리를

데이터를 스토리화하다

· ·

'스토리화하다to storify'라는 말이 어느새 비즈니스 일상에 침투했다. 우리 회사 제품이나 서비스를, 더 크게는 기업 전략을 '스토리화해보자'는 표현이 낯설지 않게 쓰이게 되었다. 이 표현은 미국 대학교수이자 시나리오 작가인 로버트 맥키가 2020년 자신의 저서 《스토리노믹스》에서 처음 소개했는데, 데이터를 스토리 형식으로 전환하는 활동을 의미한다. 전환 과정을 거친 데이터는 스토리화된storified 것이라 하고, 재무 성과를 만드는 스토리 중심의 비즈니스 실행을 '스토리노믹스Storinomics'라 지칭했다.

이렇게만 설명하면 잘 안 다가올 수도 있으나, 스토리를 중심에 놓고 사업을 계획하며 핵심 가치를 현실에서 만들어내는 과정이라고 이해하면 될 듯하다. 데이터는 일어난 사건들을 단순히 나열하는 것이고, 스토리는 해당 일이나 사건을 '왜', '어떻게', '어디서', '누구에 의해' 일어났는지 보여준다.

"구슬이 서 말이어도 꿰어야 보배다"라는 우리 속담에 비유하자면 하나하나의 구슬은 데이터, 꿰는 실은 스토리라고 할 수 있다. 실로 연결되기 전까지 구슬 하나하나는 독자적으로 큰 의미를 찾기가 어렵다. 여러 구슬을 조화롭게 엮어야 명품으로서의 가치가 올라간다. 데이터를 중요도와 빈도에 따라 배치하여 리스트를 작성하고 이면과 배후에 놓인 인과관계를 찾아 스토리로 엮어야 한다. 사실적인 소재를 가지고 원인과 결과의 사슬에 따라 점진적으로 사건이 펼쳐지는 구조를 새롭게 빚어냈을 때 스토리화했다고 말할 수 있다.

사례 하나를 소개하려 한다. 다음은 2020년 말 코로나19가 국내에 창궐하여 화이자 백신 도입이 한창 논의되던 시점의 데이터이다. 별다른 구성 없이 시간순으로 사실관계를 나열했다.

- 글로벌 백신 업체 화이자에서 잔량을 최소화할 수 있는 최소 잔여형 주사기 물색
- 관련 정보를 입수한 삼성이 정부에 문제 해결을 위한 도움 요청
- 중소벤처기업부에서 풍림파마텍에 주사기 제작에 대해 의견을 물었으나 난색을 표명함

- 정부가 적극적인 역할을 맡기로 하고 31명으로 TFT를 구성하여 주사기 프로젝트를 시작함
- 2020년 12월 24일부터 프로젝트를 시작하여 동년 12월 30일 시제품 완성
- 시제품 품질에 화이자 만족

위의 딱딱한 데이터를 흥미진진한 스토리로 잘 변환한 〈매일경제〉의 기사를 소개한다. 조금 길지만, 글의 흐름 측면에서 전체를 다 담는다.

K주사기 '크리스마스의 기적' 뒤엔 풍림·삼성·중기부…31명의 특공대

한국 제조업의 저력 알린 쾌거…K주사기 개발, 그 긴박했던 1주일

손현덕 주필

2021년 12월 15일

정부가 코로나19 백신 확보에 골머리를 앓고 있던 작년 12월. 박영선 당시 중소벤처기업부 장관은 삼성 고위 관계자로부터 전화 한 통을 받는다. 주사기를 만드는 중소기업을 접촉하는데 삼성의 힘으로는 어려우니

정부가 도와달라는 요청이었다. 세계 최대 백신 생산 회사인 화이자가 주사기를 찾고 있다는 정보를 입수한 삼성은 화이자가 원하는 주사기를 한국이 만들어주면 백신 구입에 레버리지가 생길 수 있다는 판단을 한다. 화이자가 원한 건 백신을 주사하고 나서 잔량을 최소화할 수 있는 소위 최소 잔여형(Low Dead Space, LDS) 주사기.

주사기는 통상 주사액을 전량 투입한 후에도 주사기 틈 사이 미세한 공간에 주사액이 남는다. 이게 '죽은 공간(Dead Space)'이다. 이 공간을 줄이면 예컨대 5회분의 백신을 6회분으로 만들 수 있다. 생산량이 20% 늘어나는 효과가 생긴다.

화이자 백신은 유리병 하나(1vial)에 450㎕(마이크로리터, 1㎕=100만분의 1ℓ)의 주사액이 담겨 있다. 이걸 해동해 식염수 1800㎕와 섞는다. 그렇게 되면 총용량은 2,250㎕. 1인당 주사량이 300㎕이니 계산상으론 7회분이나 통상의 주사기는 잔여량이 80㎕ 정도 되기 때문에 한 번에 400㎕ 정도를 뽑아야 한다. 그러면 1vial당 5회분. 화이자의 요구는 잔여량을 25㎕로 줄일 수 있느냐였고 그걸 한국이 할 수 있었다. 다만 이런 주사기를 만들 수 있는 중소기업이 정해진 기간에 정해진 물량을 댈 수 있을 정도의 규모와 실력이 안 됐던 것이다.

삼성이 박 장관에게 요청한 부분이 바로 이것이다. "우리가 도와주면 할 수 있다. 그러나 삼성이 접근하면 중소기업은 몸을 사린다. 정부가 문제를 해결해달라"는 것. 박 장관이 흔쾌히 응했다. 그 중소기업이 군산에 소재한 풍림파마텍이었다.

박 장관은 22일 이 회사 조희민 대표에게 전화를 건다. 대답은 노. "나 안 해"였다. 이유는 세 가지. 첫째, 나는 무리해서 사업하지 않는다. 둘째, 그런 주사기는 보통 주사기보다 10배는 비싸다. 당장은 잘 팔릴지 모르지만 지속 가능성이 없다. 셋째, 기술 유출의 위험이 있다. 박 장관은 "국가와 국민을 위한 일"이라며 도와달라는 말을 남기고 전화를 끊었다. 다음 날 다시 전화를 한다. 조 대표가 좀 누그러진 표정이다. 그러면서 이번엔 세 가지 조건을 달았다. 첫째, 정부가 일정량을 구매해달라. 둘째, 스마트 공장 하려면 설비 투자가 필요한데 자금 지원을 해달라. 셋째, 기술 유출 방지를 보장해달라. 우여곡절 끝에 이 문제를 모두 해결한 박 장관. 이제 공은 삼성과 풍림파마텍으로 넘어갔다. 이로부터 약 1주일 만에 시제품 생산. 대한민국 제조업의 실력을 입증하는 기적이 일어난다.

[2020년 12월 24일 D-6]

오후 1시 30분. 군산 풍림파마텍에 이 회사 대표와 대표의 딸인 조미희 부사장, 중기부 차정훈 실장 외 3명, 식약처에서 해외 수출 인허가를 담당하는 김유미 과장, 그리고 삼성전자에서 생산과 제조 분야에 40년 가까이 잔뼈가 굵은 김종호 스마트공장지원센터장(고문) 등이 모였다. 여기서 기적을 낳을 프로젝트의 청사진이 마련된다. 다음과 같은 합의가 도출됐다. 최대한 빠른 시일 내 주사기를 만드는 금형을 뜬다. 주사기는 모두 6개 부품으로 나뉘는데 각 부분 금형을 최대한 빠른 시일 내 만들기 위해 구미와 광주의 중소기업을 동원한다. 여기서 금형과 사출까지 마친 뒤 12월 30일에 다시 군산에 모여 조립한다. 사출용 레진은 풍림이 구미와 광주 공장으로 보낸다. 시제품 물량은 우선 500개. 양산은 일단 풍림 기존 공장에서 하는데 공간을 충분히 확보해두고 삼성이 스마트 공장화를 지원한다. 식약처는 FDA 승인 일정을 최대한 단축시킬 수 있도록 지원한다. 제조 과정에서 발생하는 인허가 문제는 중기부가 해결한다. 이런 것들이었다.

이 모임이 있기 이틀 전인 12월 22일. 프로젝트를 진행할 총 31명의 멤버가 확정됐고 이들이 실시간으로 의견을 교환할 단톡방이 개설된다. 김종호 센터장은 삼성전자 협력 업체인 윤일정밀 오응택 대표와 접촉한다. 그러면서 앞으로 진행될 주사기 프로젝트에 대해 귀띔해준다. 그는 오 대표에게 "대한민국의 금형 기술을 세계에 과시할 기회"라며 "한번 도전해보자"고 권한다. 1분 1초의 망설임도 없이 오 대표가 답한다. 직원 72명을 둔 중소 금형 회사 윤일정밀. 이 회사의 모토는 "우리는 핑계보다 방법을 찾는다"이다. 주사기 6개 부품 중 외통을 뺀 5개의 금형은 윤일의 몫이었다. 김 센터장은 믿는 구석이 있었다. 크리스마스이브. 군산 공장에는 눈이 내리고 있었다.

[2020년 12월 25일 D-5]

금형을 만들려면 도면이 필요하다. 정확한 주사기의 도면이 나와야 그걸 토대로 틀을 만든다. 만약 금형을 만들어놓고 나서 변경에 들어가면 30일 정도는 날아간다. 정확한 주사기 설계도는 없었다. 풍림의 윤종덕 연구소장이 3차원 모델링 작업에 들어간다. 이 결과를 삼성과 윤일 측에 전달해줘야 한다. 크리스마스 휴일 내내 일하고 밤 12시가 돼서야 작업을 마쳤다. 그러나 베스트는 아니었다. 여기서 만족할 수 없었다. 화이자가 원하는 건 잔류량 25㎕이지만 그걸 달성하려면 목표는 더 낮게 잡아야 했다.

가장 중요한 부분은 흡자(Plunger). 주사액을 끝까지 밀어내는 까만 고무 부분이다. 이걸 통상 둥그렇게 하는데 그게 바늘 밑부분과 빈틈없이 밀착하면 이론적으로는 바늘 안에만 약이 남게 된다. 김 센터장은 잔여량 제로를 목표로 하자고 밀어붙였다. 바늘에만 남기고 나머지 부분은 모두 비워보자는, 사실상 불가능에의 도전이었다.

[2020년 12월 26일 D-4]

2020년을 보내는 마지막 주말. 오늘은 설계를 확정하고 그걸로 금형

가공에 착수해야 한다. 풍림이 기본적 콘셉트를 제시했다. 소위 3단 콘 구조 방식. 흡자 부분을 아이스크림콘처럼 만들어 빈 공간을 줄이겠다는 아이디어였다. 풍림이 시뮬레이션을 해봤다. 미세한 틈에 생기는 잔여량은 4.91㎕. 어쩔 수 없이 바늘에 남는 양이 3.46㎕. 합쳐서 8.37㎕. 이제 압력 문제가 남는다. 압력을 최소화해야 부드럽게 주사액이 들어갈 수 있고 잔류량도 최소화할 수 있기 때문이다.

구미 윤일정밀의 오 대표는 설계를 받아 금형 작업에 들어간다. 그에게 주어진 시간은 딱 3일. 외통은 삼성 광주 금형 공장에서 하니 나머지 5개는 본인의 몫이었다. 이날 풍림은 시제품을 만들 레진 수송을 완료했다. 광주와 구미 공장에 저녁 늦게 도착했다.

[2020년 12월 27일 D-3]

프로젝트팀원 31명이 모여 있는 단톡방. 방장인 김종호 센터장이 단톡방 슬로건을 지었다. "세상에 없는 주사기를 만들자"였다. 주사기 제작의 큰 틀은 정해졌다. 구미와 광주에선 설계대로 금형을 짜고 풍림에서 보내온 레진을 넣어 시제품을 만들어내면 된다. 금형 제작 공정 엑셀파일이 전 팀원에게 공유된다. 6개 부품별로 제작 일정을 적고 진행 상황에 따라 오렌지색과 그린색으로 표시한 표였다. 독일 병정식 같은 이런 제조에 익숙지 않은 풍림의 조미희 부사장은 표에 나와 있는 '배럴 29

22'가 뭐냐고 묻는다. 외통(barrel)은 29일 22시에 사출을 완료한다는 공장의 언어였다.

[2020년 12월 28일 D-2]

금형은 뿌리 산업 중에서도 뿌리다. 휴대폰이든 냉장고든, 심지어 마스크든, 진단 키트든 10개 이상 균일한 제품을 만들기 위해선 금형이 필요하다. 금형 기업을 가보면 그야말로 공장 냄새가 난다. 잔 근육이 발달된 권투선수 같다는 느낌을 받는다. 쇠붙이를 깎고, 드릴로 구멍 내면서 0.1㎜의 오차도 허용하지 않는 정밀한 가공이 이뤄진다. 설비를 만드는 건 세계에서 독일이 1등이지만 그 설비를 이용해 금형을 만드는 건 세계에서 둘째가라면 서러운 나라가 대한민국이다.

윤일정밀 오응택 대표는 27일부터 비상근무에 들어간다. 대부분 직원들은 크리스마스 연휴를 반납했다. 졸업 후 줄곧 공장에서만 일한 올해 65세 기업인. 외환위기 때 잘나가던 삼성전자를 뛰쳐나와 창업에 나섰다. 현재 중국, 베트남, 인도에까지 공장을 두고 있다. 과거와는 달리 지금의 금형은 설비에서 품질이 결정되나 그래도 사람이 하는 일이다. 손끝 정성이 사라지면 결과물은 엉망이 된다.

오 대표는 결의에 찬 표정으로 직원들에게 당부한다. "이제 공은 윤일에 넘어왔다. 우리가 실패하면 이 프로젝트는 실패한다. 52시간 근무, 이번 일엔 그런 건 없다. 나는 법을 무시할 것이다. 고발해도 좋다. 그러나 한 가지 명심하자. 이건 대한민국 국민을 위한 일이다"라고.

[2020년 12월 29일 D-1]

주말엔 겨울비가 내리더니 오늘은 진눈깨비가 흩날린다. 그래, 이런 날이 일하기는 좋다. 구미와 광주 공장은 숨소리조차 들리지 않았다. 쇠를 깎는 기계음만 웅웅거렸다. 기적같이 2개 공장에서 모두 6개 부품의 금형 작업이 끝났다. 풍림에서 받은 레진을 넣어 시험 사출에 들어간다. 김종호 센터장은 최대한 많이 뽑아달라고 요구한다. 최소 50개 정도는 돼야 어느 정도 테스트를 할 수 있고 양산에 들어갈 수 있을지 판단이 서게 된다. 풍림은 이 제품이 도착하면 조립이 제대로 되는지 확인하고 외통에 눈금 작업도 해야 한다. 모두 미리 준비해놓아야 할 사항이었다. 식약처는 식약처대로, 중기부는 중기부대로 준비할 일들이 있었다. 올 스탠바이(All Stand By).

[2020년 12월 30일 D-day]

군산에 다시 31명의 팀원들이 모였다. 최고조의 긴장이 흐른다. 눈금 인쇄도 끝났고 조립만 하면 된다. 그러고는 완성된 제품에 하자가 없는지 검수를 마친다. 결과가 궁금했다. 그동안 별별 아이디어 다 짜내서 번

갯불에 콩 구워 먹듯 만든 주사기. 과연 잔여량은 얼마나 될까? 세 가지 결과값이 나왔다. 8㎕, 10㎕, 12㎕. 모두 다 화이자가 요구하는 수준의 절반 이하였다. 주사기 팀은 이 과정을 동영상으로 만들고, 주사기 샘플을 사진 찍어 화이자로 보냈다. 실제 제품은 가장 빨리 도착하는 배달 서비스로 보냈다. 화이자 책임자는 동영상을 보고 입을 다물지 못했다. 이게 과연 가능한 일이냐고 되물었다.

기사를 읽으면서 7일간의 이야기가 한 편의 다큐멘터리를 보듯 영상처럼 흘러감을 느꼈을 것이다. 그래서 글의 분량은 길지만 어렵지 않게 읽힌다. 이것이 스토리화를 하는 이유이고 스토리가 지닌 힘이다.

지금부터 우리에게 필요한 스토리를 만들어 업무에 활용하려한다. 이 책에서 말하는 '스토리'는 머릿속에 떠오르는 대로 써 내려가는 글자의 나열이 아니다. 스토리를 만드는 요소들이 갖춰져 있고 일정한 구조를 유지하고 있는 것을 말한다. 그래야 스토리 디자인의 완성도가 높아진다. 먼저 유채화를 그릴 때 사용하는 특수천인 캔버스에 스토리를 그린다고 상상해보자. 그림은 밑그림을 그리고 색을 입히는 순서로 진행한다. 이처럼 스토리도 큰 얼개를 만들고 디테일을 채운다. 이렇게 스토리를 그려봄으로써 시각적 사고를 할 수 있으며 글과 이미지의 체계화가 가능해진다. 물론 완성도를 한 단계 높이기 위해서는 인간의 본성 외에 사회적·물리적 영역에 대한 폭넓은 지식이 필요하다. 그래야 스토리 디자인 요소 간의 간극이 촘촘히 메워진다.

비즈니스 모델 캔버스를 응용하자

· ·

사람을 끌어당기는 스토리와 성공한 비즈니스 간에는 공통분모가 많기에 비즈니스 분석에 많이 활용되는 프레임워크의 도움을 받아보려 한다. 비즈니스 모델 캔버스Business Model Canvas는 스타트업 비즈니스에 포함돼야 하는 주요 사업 요소를 한눈에 볼 수 있도록 시각적 측면이 강조된 템플릿이다.

20세기 말, 전 세계적으로 벤처기업 붐이 일며 수많은 기업이 만들어지고 사라졌다. 당시 많은 기업이 투자 유치를 위해 '비즈니스 모델'이라는 개념을 활용했다. 투자, 컨설팅, 마케팅, 강의 등 여러 영역에서 비즈니스 모델이라는 말이 사용됐다. 그렇지만 용어의 개념 자체가 모호할 뿐 아니라 사용자들이 그것을 정확히 이해하고자 하는 노력도 부족했다. 도대체 비즈니스 모델이란 무엇인가? 비즈니스 모델 캔버스는 바로 이 물음에 답하기 위해 만들어진 프레임워크다. 스위스 경영 혁신가 알렉산더 오스터왈더는 당시 사용

비즈니스 모델 캔버스

| 핵심 파트너 | 핵심 활동 | 가치 제안 | 고객 관계 | 고객 세그먼트 |
| | 핵심 자원 | | 채널 | |

| 비용 구조 | 수익원 |

▶ 참고자료: 알렉산더 오스터왈더, 《비즈니스 모델의 탄생》, 비즈니스북스, 2011

하던 비즈니스 모델이라는 용어 자체를 연구했다. 학계 자료 및 실제 기업 사례 분석, 기업인 및 교수 등 전문가들과의 인터뷰를 통해 수집된 데이터를 바탕으로 비즈니스 모델을 9개 핵심 요소로 재구성했다.

비즈니스 모델 캔버스는 영역별로 크게 세 파트로 나누어볼 수 있다. 먼저 '효율성 추구 영역'을 구성하는 핵심 파트너Key Partners, 핵심 활동Key Activities, 핵심 자원Key Resources, 비용 구조Costs가 있다. 그다음 '가치 추구 영역'은 고객 관계Customer Relationships, 고객 세그먼트Customer Segment, 채널Channels, 수익원Revenue으로 이루어진다. 마지막 '효율성과 가치의 접점 영역'에는 가치 제안Value

Proposition이 제시된다.

이러한 비즈니스 모델 캔버스의 가장 큰 특징은 비즈니스에서 핵심이 되는 고객·제품·조직의 구조 및 프로세스, 시스템 등을 통해 비즈니스 운영을 더욱 전략적으로 실행할 수 있도록 한눈에 보이게 도식화하였다는 점이다. 이것은 분석 도구로도 사용할 수 있을 뿐 아니라, 사업 실행 과정에서의 문제점을 확인해 개선안을 도출하기 쉽게 도와준다.

비즈니스 모델 캔버스의 모든 요소는 개별적으로 완성되는 것이 아니라 유기적으로 연결돼 있다. 가치 제안이 변화하면 고객과 채널 등 캔버스 내 다른 요소들도 함께 바뀔 수 있다. 그렇기에 각 블록이 서로에게 미치는 영향을 간과해서는 안 된다. 비즈니스 모델 캔버스는 전체가 하나로 구성된 모델이며, 모든 부분이 톱니바퀴처럼 긴밀히 연결돼 있어야 제대로 작동할 수 있다.

그렇다면 이제 비즈니스 모델 캔버스를 응용해서 파이낸셜 스토리에 필요한 스토리 캔버스를 만들어보자. 스토리 캔버스란 소설 구성의 3요소인 인물, 사건, 배경의 세분화와 추가를 통해 9개 블록으로 재구성해 만들어진 템플릿이다. 9개 블록은 스토리의 뼈대를 이루는 요소들이다. 블록을 채워가면서 파이낸셜 스토리의 당위성과 현실성이 갖추어진다. 달성하고자 하는 목표가 분명해지고 현실 세계에서 솔루션을 찾는 데 도움이 된다.

스토리 캔버스

제목 Title		메시지 Message		
시간적 배경 Time background	주인공 Lead character		조력자 Aide	
공간적 배경 Spatial background			적대자 Antagonist	
플롯 Plot		장애물 Hurdle		

① 제목(Title): 스토리를 대표하기 위해 붙이는 이름이다. 제목은 너무 길지 않아야 기억하기 쉽다. 또한 전체 내용을 어느 정도 상징하는 제목이 좋다.

② 메시지(Message): 스토리를 통해 알리거나 주장하고자 하는 내용이다. 때로는 담고 있는 교훈이나 의도를 의미하기도 한다. 원칙적으로 하나의 스토리에는 하나의 메시지만 담는 것이 좋다. 만약 복수의 메시지를 담고자 한다면 메시지 간에 명확한 우선순위를 정해야 한다. 그렇지 못한 경우 스토리가 불분명해지고 혼란스러워질 수 있기에 주의해야 한다.

③ 시간적 배경(Time background): 스토리가 펼쳐지는 시대나 사회적 환경을 말한다. 구체적으로 표현할수록 스토리의 개연성이 살아난다. 막연히 '1990년대 말'이라고 하기보다는 '한 세기가 넘어가던 때', 혹은 '모두가 Y2K를 걱정하던 시기'처럼 표현하는 게 좋다.

④ 공간적 배경(Spatial background): 스토리가 시작되고 마무리되는 장소의 개념으로 무한 공간일 수도, 한정된 공간일 수도 있다. 공간적 배경은 장소뿐만 아니라 그 공간을 이루는 모든 소품 등을 포함하고 있으며, 이들은 시간적 배경과 조화롭게 구성되어야 한다. 꼭 현실의 공간으로 한정할 필요는 없다. 가정, 직장, 사회, 국가 등 어느 것이든 다 가능하다.

⑤ 주인공(Protagonist): 스토리 안에서 중심이 되거나 주도적인

역할을 하는 인물이나 대상이다. 주인공이 인물일 경우 그의 동기, 능력, 가치관을 설정하는 것이 중요하다.

⑥ **적대자(Antagonist):** 주인공과 대치하는 적대 세력을 의미하며, 물리적인 또는 정신적인 것 등 다양한 형태로 나타날 수 있다. 스토리 안에서 주인공이 가고자 하는 길을 방해하는 역할을 한다. 픽션에서는 보통 빌런villain이라 불린다.

⑦ **조력자(Aide):** 주인공이 적대자와 갈등을 이루어 대치하는 상황에서 위기나 갈등을 해결할 수 있도록 도와주는 인물이나 상황적 요소를 말한다.

⑧ **플롯(Plot):** 스토리가 가지는 일련의 이야기 구조와 흐름을 말한다. 이야기의 전개를 결정하므로 스토리 완성도에 있어서 가장 큰 비중을 차지한다. 하나의 플롯 또는 몇 개가 합쳐진 복합적인 플롯 모두 가능하다. 이야기를 무한정 만들 수 있는 픽션 세계에서 플롯의 종류는 헤아릴 수 없이 많지만 크게는 두 가지 큰 흐름이 있다. '몸의 플롯'과 '마음의 플롯'이다. 몸의 플롯은 스토리에 등장하는 각 사건과 등장인물의 행동에 초점을 맞추며, 마음의 플롯은 내면세계에 초점을 맞춘다. 등장인물과 행동은 동전의 양면과도 같은 관계이지만 어느 쪽에 더 비중을 두는가에 따라 플롯의 성격과 방향이 결정된다.

⑨ **장애물(Hurdle):** 주인공이 갈등을 해결하고 결말을 맞이하는 일련의 과정에서 맞닥뜨리게 되는 예상치 못한 상황이나 사물을

의미한다. 적대자에 의해 설치되거나 상황적으로 놓인 경우로 나누어볼 수 있다.

주인공, 적대자, 조력자는 스토리의 구성 요소 중 '등장인물'에 해당한다. 픽션에서는 이들을 '캐릭터'라 부른다. 등장인물은 스토리 전개를 이끄는 역할을 담당하며 갈등을 발전 또는 응집시킨다. 스토리에 등장하는 인물이 왜 그런 행동을 하는가, 그들은 왜 싸워야만 하는가에 대한 설명을 통해 신뢰도를 쌓아야 한다.

성공적인 갈등 구조를 만들기 위해서는 서로 다른 의견을 가지고 있는 주인공과 적대 세력이 필요하다. 주인공은 적대 세력과 대치하면서 갈등을 해소하기 위한 일종의 투쟁을 지속하고 이 과정에서 내·외적 성장을 이루게 된다. 결국 주인공은 목표를 달성하거나 이루지 못함으로써 갈등이 종결되는데, 이것이 전달하고자 하는 메시지를 입증하는 전반적인 과정이라고 할 수 있다.

이해관계자를 스토리에 몰입시키기 위해서는 등장인물의 성격을 확실히 만들어야 한다. 흔히 말하듯 캐릭터가 잡혀야 한다. 특히 대중은 스토리 속 등장인물에게서 자신의 모습 중 한 가지라도 찾으면 쉽게 몰입하게 된다. 그렇기에 목표로 하는 청중을 염두에 두고 캐릭터를 설정해야 한다. 실제로 우리의 모습이 그렇듯 단선적이기보다는 복합적이고 입체적인 캐릭터일수록 리얼리티가 뛰어나다.

스토리 안에서 갈등에 직면한 주인공은 항상 일상의 균형을 맞추기 위해 노력하기 때문에 대중은 이러한 주인공의 모습을 자기 스스로의 모습에 비추어 바라본다. 때로는 동정과 연민을 주기도 한다. 이 때문에 스토리를 디자인할 때 갈등에 직면한 주인공의 입장에 감정이입하여 희로애락의 감정을 느낄 수 있게 해야 할 뿐만 아니라 스토리를 접하는 대중이 캐릭터의 행동 이면에 있는 동기를 이해할 수 있게 해야 한다.

스토리는 주어진 시간 안에 일련의 사건들에 의해 만들어진다. 따라서 플롯에 담기는 사건들의 배열을 신중하게 짜야 한다. 대중의 흥미를 유지하면서 사건을 전개할 수 있도록 정밀한 구조를 갖도록 설계해야 한다. 일반적으로 스토리는 기승전결로 구성되는데, 먼저 스토리의 배경이 만들어지고, 그다음으로 변화가 일어나면서 갈등이 빚어지고, 이후 나머지 변수들이 만들어진다. 갈등은 점차 고조되지만 결국은 해소되고 스토리는 결말을 맺는다. 잘 구성된 스토리의 흐름은 읽는 이의 주의를 집중시키고 앞으로 어떤 사건이 일어날지 기대감을 갖게 한다. 요즘 각종 콘텐츠에서 언급하는 '유니버스(세계관)'는 사전적으로는 픽션의 세계 설정, 즉 가상 세계를 의미한다. 주인공이 작품의 세계를 바라보는 관점을 설명하기도 하는데 이는 시공간 배경과 플롯의 합성을 통해 만들어진다.

하나의 이야기는 여러 사건의 연결로 이루어진다. 아리스토텔레스는 플롯을 '사건들의 배열'이라고 말했다. 소설에서는 의미를 지니는 사건의 최소 단위를 '화소motive'라고 부른다. 모든 이야기는 하나 이상의 화소가 선으로 연결돼 있으므로 플롯이 없는 이야기란 상식적으로 있을 수 없다. 그러나 사건 혹은 화소를 아무렇게나 배열해서는 이야기가 되지 못한다. 사건의 배열은 의미의 질서를 나름대로 지녀야만 비로소 이야기가 된다. 화소의 배치에 따라 동일한 플롯이라도 다른 느낌으로 전달된다.

다시 한번 강조하지만 스토리 캔버스를 구성하고 있는 9가지 블록은 개별적 완성도도 중요하지만 전체의 유기적 연결에 더 많은 공을 들여야 한다. 스토리는 한 요소의 특별함으로는 만들어지지 않기 때문이다. 버락 오바마는 단지 스피치 능력이 뛰어난 흑인 후보자로서 대통령이 된 것이 아니다. 선거라는 스토리에서 스토리 캔버스 블록들을 갖추고 이것들을 촘촘히 메웠기에 당선될 수 있었다. 국민의 관심이 쏠린 대선 국면에서(시간적 배경) 시카고 일리노이 지역을 중심으로(공간적 배경) 명망가인 경쟁자(적대자)와 그에 비해 상대적으로 경륜이 낮은 신인 후보(주인공, 장애물)가 붙으면 흥미 있는 스토리 디자인(언더독에 대한 응원과 불가능해 보이는 도전의 플롯)의 구성 요소가 갖추어진다. 여기에 인지도가 낮은 후보의 살아온 환경이 극적이고 대중이 관심과 호감을 갖는다는 이야기가 덧붙여지면 좋은 'MSG'가 첨가되는 것이다. 또한 위기를 조력자의 도움으로 타개하고 어려움 속에서 더욱 값진 승리를 가져간다는 플롯을 더하면 조금 더 나은 스토리가 된다. 마지막으로 적절한 제목과 메시지를 뽑는 것은 선거 캠프의 몫이 된다.

스토리 캔버스 ①—버락 오바마 대선 이야기

제목 Title		메시지 Message	
Change: We can believe in		Barack Obama's Plan to Renew America's Promise	
시간적 배경 Time background	주인공 Lead character		조력자 Aide
2008년 미국 대선, SNS가 본격적으로 활용되던 시기	최초의 흑인 대선 후보, 40대 젊은 나이의 워싱턴 정치 무대 신인		SNS 사용자, 젊은 인구, 정치 듣고 있는 유색 인종
공간적 배경 Spatial background			적대자 Antagonist
일리노이주 시카고에서 시작하여 미국 전역으로 확산			기존 워싱턴 주류 세력, 공화당, 정통 보수주의 세력
플롯 Plot		장애물 Hurdle	
다윗과 골리앗의 함겨운 싸움, 언더독에 대한 응원 + 민주당 주류 힐러리 클린턴과의 갈등과 혈겨의 버디물		낮은 인지도, 부족한 경험, 백인 주류 사회의 불안감	

이번에는 파란색 병의 커피, 미국의 유명 커피 브랜드 블루보틀 커피Blue Bottle Coffee(이하 블루보틀)의 창업 이야기를 스토리 캔버스로 옮겨보자. 스토리를 만드는 작업에 친숙하지 않다면 처음부터 바로 스토리를 디자인하기보다는 뉴스 기사를 스토리 캔버스로 정리하는 훈련부터 단계적으로 해보면 좋을 것이다.

블루보틀은 2002년 제임스 프리먼이 설립한 미국의 커피 전문 체인점이다. 하얀색 바탕에 파란색 병 하나만 그려진 로고를 가진, 규모도 작고 단순해 보이는 이 회사는 오늘날 '커피 업계의 애플'이라고 불리며 세계에서 가장 '힙'한 커피 전문 기업으로 주목받고 있다. 창업한 지 19년이 지난 블루보틀은 미국 전역은 물론 우리나라와 일본, 그리고 홍콩에 지점을 두고 있다. 그렇다면 블루보틀은 어떻게 스타벅스의 독주 속에서 21세기 커피의 아이콘으로 자리 잡은 것일까.

블루보틀의 창업 스토리는 대략 300여 년 전으로 거슬러 올라간다. 1683년 터키군은 동유럽과 중부 유럽을 휩쓸고 오스트리아 수도 빈에 도착했다. 절체절명의 위기에 놓인 빈 시민들은 터키군의 포위망을 뚫고 인근 폴란드군에 구원 요청을 하러 갈 전사를 찾았다. 이때 터키어와 아랍어를 구사하는 프란츠 조지 콜시츠키가 낙점됐다. 터키군 복장으로 위장한 그는 여러 번의 위험한 고비를 넘긴 끝에 임무를 달성한다. 전세 역전으로 쫓기게 된 터키군은 그들이 갖고 온 모든 것을 남겨둔 채 황급히 빈에서 철수해야 했

블루보틀 서울 삼청점 전경

다. 그중에는 콩이 담긴 봉지도 있었다. 시민들은 낙타 사료일 것이라 생각했지만, 수년간 아랍 문화권에서 살아온 콜시츠키는 그것이 커피 원두임을 알아챘다. 콜시츠키는 빈 시장이 그에게 준 포상금으로 이 커피를 사서 중부 유럽 최초의 커피 하우스, 블루보틀 The Blue Bottle을 열었다. 그렇게 빈에 커피가 처음 전파되었고 이후 유럽 전역으로 퍼져나갔다.

블루보틀 창업주인 제임스 프리먼은 이 일화에서 힌트를 얻어 회사 이름을 만들었다. 콜시츠키의 영웅적 업적을 기림과 동시에 블루보틀이 유럽에 처음으로 커피를 전파한 것처럼 기존과 다른 새로운 커피를 세계에 전하겠다는 포부를 이름에 담았다. 제임스 프리먼은 원래 여러 지역을 순회하며 공연하던 프리랜서 클라리넷 연주자였다. 커피광이었던 그는 너무 상업적으로 흐르는 기존 커피 업체들과 맛을 살리지 못한 채 볶은 원두에 실망한 나머지 신선하고 맛있는 커피를 직접 제공하기로 마음먹었다. 2002년 미국 캘리포니아주 오클랜드에서 183㎡ 크기의 원예 창고를 빌려 6파운드짜리 작은 로스터에서 직접 커피콩을 볶았고, 낡은 푸조 차를 타고 다니며 판매를 시작했다.

매출이 발생한다 하더라도 이런 판매 방식은 사람 품이 너무 많이 들었다. 이에 고민하여 새로 만든 수익 모델이 '구독 판매'다. 고객이 온라인 홈페이지에서 신용카드로 결제하면 원하는 종류의 커피콩을 신청한 일정에 맞추어 배달해주었다. 지금도 블루보틀 오프라인 매장은 미국, 한국, 일본 등 일부 국가에만 있고 영국, 호주, 캐나다, 독일, 프랑스, 이탈리아, 네덜란드, 뉴질랜드, 스위스 등 그 밖의 국가에서는 커피콩 배송 서비스만 제공한다.

블루보틀은 신선한 커피콩을 파는 데만 그치지 않았다. 직접 오프라인 매장을 운영하며 커피를 가장 행복하게 마실 수 있는 방식, 즉 '최상의 커피 문화' 제안에 나섰다. 블루보틀이 시장의 시선을 사로잡은 것은 바로 이 지점부터이다. 오랜 시간 스타벅스가 주름잡고 있던 스페셜티 커피 시장에서 완전히 새로운 카페 문화를 보여준 덕분이다.

그렇다면 블루보틀은 스타벅스와 무엇이 달랐을까. 우선 스타벅스처럼 에스프레소 머신이 아닌, 주로 드립 방식으로 커피를 추출한다. 스타벅스가 주문한 지 1분 만에 균질한 맛과 품질의 커피를 제공한다면, 블루보틀은 최대 15분까지 걸리고 숙련된 바리스타가 만들어도 잔마다 미세한 맛의 차이가 난다. 즉 스타벅스가 극도로 표준화된 '미국식 프랜차이즈 커피숍'이라면, 블루보틀은 한 점포 내에서도 바리스타마다 개성이 다른 '일본식 장인의 찻집'에 가깝다. 기업이라면 으레 중시하는 '규모의 경제' 대신 '품질 지상주의'와 '느림의 미학'을 강조한 것이다.

제임스 프리먼 창업주는 한 인터뷰에서 "처음부터 일부러 매장 수를 늘리거나 시장을 넓히려 하지 않았다. 마치 찻집에 가서 경험하듯이 천천히, 좀 더 신중한 방식으로 커피를 제공하는 데 초점을 맞춰왔다"라고 말했다. 이는 바리스타 개개인의 역량이 매우 뛰어나지 않으면 성공할 수 없는 전략이다. 이를 위해 블루보틀은 모든 바리스타를 오클랜드 본사에서 한 달간 교육하고 채용 과정에 CEO가 직접 참여하기도 한다. 일례로 브라이언 미한 블루보틀 CEO는 일본 교토점을 오픈할 때 직접 바리스타 채용 면접을 주관했다.

대량생산과 패스트푸드 방식의 기존 커피숍 문화에 익숙한 소비자라면 15분이나 기다릴 것을 고집하는 블루보틀의 문화가 답답하게 느껴질 수 있다. 실제 초기에는 느린 서비스 속도에 항의하는 고객도 많았다. 그러나 블루보틀은 또 다른 강점(차이점)으로 이를

보완했다. 제임스 프리먼 창업주의 표현에 따르면 일본식 접객 문화 '오모테나시おもてなし'를 빌려왔다.

스타벅스를 비롯한 대부분 커피숍은 바리스타가 벽쪽에 놓인 에스프레소 머신을 바라보고 커피를 추출한다. 이 과정에서 고객은 바리스타의 등만 바라봐야 하고 둘 사이의 대화는 단절된다. 바리스타와 고객 사이를 물리적으로도 적잖은 장벽이 가로막고 있다. 허리보다 높이 올라오는 커다란 계산대, 어둡고 침침한 조명, 추가 구매를 유도하는 냉장고와 상품 진열대 등이다. 이런 분위기에선 아무리 바리스타가 친절하게 응대하고 진동벨 대신 고객의 닉네임을 불러준다 해도 편안한 소통을 기대하기 어렵다. 그렇지만 블루보틀은 기존의 커피숍과는 다르다. 일단 지중해를 연상케 하는 흰색 계열의 인테리어와 환한 채광으로 매장 분위기가 밝고 활기차다. 테이블 높이는 허리보다 낮고 바리스타와 고객 사이를 가리는 장애물도 거의 없다. 무엇보다 바리스타가 고객 쪽을 바라보고 핸드드립으로 커피를 내린다. 천천히 커피를 내리는 동안 고객과 동일한 높이의 시선으로 편안하게 대화할 수 있다. 이는 애플스토어의 공간 디자인 철학과 비슷하다. 제임스 프리먼 창업주는 "애플스토어의 공간 구성과 동선을 좋아한다. 시선을 거스르는 오브제가 없고, 미니멀한 가구를 사용해 고객이 제품 자체에 집중할 수 있도록 한다. 나는 커피 매장 역시 그런 접근이 필요하다고 봤다. 절제돼 있으면서 친근하고 개방적인 공간 말이다"라고 인터뷰에서 전했다.

위의 블루보틀의 이야기를 스토리 캔버스에 블록별로 정리해보자.

- **제목**: 시간을 담은 검증된 커피, 블루보틀
- **메시지**: 블루보틀은 15분짜리 커피로 기다림과 시간을 상징한다. 이 상징은 커피계의 명품을 의미하며 여유로움과 자유로움을 즐기자는 의도이다.
- **시간적 배경**: 3세대 커피 산업 시대. 커피 산업의 1세대는 맥심 등 믹스 커피, 2세대는 수많은 브랜드가 있는 균일한 품질의 원두커피였다. 블루보틀이 주도하는 3세대는 '감성'과 '개인 맞춤형 서비스'다.
- **공간적 배경**: 블루보틀이 온·오프라인으로 보급되는 국가들. 비교적 소득수준과 문화적 취향이 높은 곳을 타깃으로 한다.
- **주인공**: 블루보틀
- **적대자**: 스타벅스. 단연 전 세계 커피 시장 1등 브랜드이다. 커피 제조 시간이 빠르고 효율적이어서 주인공 블루보틀에 비해 현저히 생산성이 높다.
- **조력자**: 애플. 제임스 프리먼 창업주는 애플스토어의 공간 구성과 동선에서 모티브를 받아 블루보틀 공간을 디자인했다고 밝혔다. 즉 시선을 거스르는 오브제가 없고 미니멀한 가구를 사용해 고객이 제품 자체에 집중할 수 있도록 한다. 절제돼 있으면서 친근하고 개방적인 공간을 제공하고 이런 공간 디자인은 경쟁사인 스타벅스와 비교

스토리 캔버스②—블루보틀 창업 이야기

제목
Title
시간을 담은 검증된 커피, 블루보틀

메시지
Message
15분짜리 명품 커피, 여유로움과 기다림을 산양

시간적 배경
Time background
3세대 커피 산업 시대

주인공
Lead character
파란 병의 커피, 블루보틀

공간적 배경
Spatial background
블루보틀이 온·오프라인으로 보급되는 국가들, 소득수준과 문화적 취향이 높은 곳

조력자
Aide
애플 스토어

적대자
Antagonist
스타벅스: 커피 제조시간이 빠르고 효율적이어서 블루보틀에 비해 현저히 생산성이 높음

플롯
Plot
대체되는 서비스를 제공하는 거대 경쟁자 스타벅스와 대립 구도의 한산한 여정 + 다윗과 골리앗의 플롯

장애물
Hurdle
최대 15분이 걸리는 커피 제조 시간, 인내심이 부족한 소비자

되며 블루보틀의 발전에 크게 기여하고 있다.

- 플롯: 확연히 반대되는 서비스 전략을 펼치는 거대 경쟁자 스타벅스와의 대립 구도라는 험난한 여정 + 골리앗에 맞서는 다윗의 플롯
- 장애물: 최대 15분이 걸리는 커피 제조 시간, 인내심이 부족한 소비자

이렇게 스토리 캔버스를 통해 긴 설명이 이어졌던 블루보틀 성장 스토리가 한 페이지로 정리되었다. 여기서 시작하여 새로운 메뉴를 준비할 수도, 서비스 제공 방식을 변경할 수도, 진출 지역을 확대할 수도 있다. 사업 전략 수립의 시발점이 되는 것이다.

수백 페이지 보고서는 이제 그만, 스토리 캔버스 한 장이면 충분하다

• •

우리는 매일 이야기를 한다. 집에서는 함께 사는 가족과 밖에서는 직장 동료 또는 상사와 계속해서 이야기를 이어간다. 집에서와는 달리 직장에서의 이야기는 단순한 사담私談이 아니다. 일의 진행을 위한 도구적 성격이 강하다. 보고서도 마찬가지다. 같은 내용의 보고서라 할지라도 어떤 형식과 구성으로 담느냐에 따라 피보고자의 관심 여부가 결정된다. 넘쳐나는 데이터 속에서 적절한 메시

지를 찾아내고 이에 따른 결론을 이해관계자들이 설득될 수 있는 언어로 풀어내야 한다. 즉 스토리 디자인 능력이 뛰어나야 한다.

이러한 스토리 디자인의 원형은 고대 문헌에도 그 흔적이 남아 있다. 아리스토텔레스는 상대를 설득하기 위한 3가지 요소로 로고스logos, 에토스ethos, 파토스pathos를 꼽았다. 로고스는 상대방에게 명확한 증거를 제공하기 위한 논리를 의미한다. 인간은 이성적인 존재이기 때문에 무엇을 결정할 때 합리성을 필요로 한다. 따라서 적절한 논리와 근거를 갖추지 못한다면 설득이 어렵다. 에토스는 화자에 대한 청자의 신뢰를 뜻한다. 화자의 성품, 호감, 권위, 진실성 등에 대한 청자의 신뢰 정도에 따라 설득 여부가 결정된다. 정치나 종교가 이성적인 논쟁이 잘되지 않는 이유는 로고스(논리와 근거)가 아닌 에토스(신뢰와 믿음)의 영역이기 때문이다. 우리나라 속담 중 "아내가 예뻐 보이면 처가 기둥도 예뻐 보인다"라는 말과 같은 맥락이다. 파토스는 청자의 심리 상태를 의미한다. 청자가 기쁨과 호감을 느낄 때 내리는 판단과, 슬픔과 적의를 느낄 때 내리는 판단이 동일하지 않다는 것이다. 사람은 감정 상태에 따라 사물에 대한 호불호 판단이 달라지기 마련이다.

아리스토텔레스는 "누군가를 성공적으로 설득하기 위해서는 에토스 → 파토스 → 로고스 순서로 접근해야 한다"라고 강조하였다. 평소 행동을 통해 호감을 쌓고 나의 진정성을 인지시켜 상대방과의 신뢰를 구축한 다음(에토스), 그 사람이 나를 받아들일 마음 상태가 되었을 때(파토스) 논리적으로 설득(로고스)하라는 것이다. 아무런 신뢰 관계가 없고 상대방의 심리 상태도 파악하지 않은 상태에서는 아무리 탄탄한 논리로 무장하더라도 상대를 설득시키기 어렵다. 직장에서의 보고도 이 순서를 따라야 결과가 빛을 발한다. 보고에서 첫째는 신뢰이다. 기업 내에서 조직의 상하 관계는 교감을 통한 신뢰를 전제로 한다. 스토리 캔버스에 맞춘 보고는 기본적으로 로고스를 충족시키고 에토스와 파토스를 수월히 만들게 해주는 것이다.

회사 보고서에는 때때로 조직 전체를 변화시키거나 대규모 인력이나 예산의 지원을 필요로 하는 내용이 담기기도 한다. 내용의 중요성과 파급효과 때문에 상세한 내용까지 담다 보면 그 분량이 수백 페이지를 넘기기 일쑤다. 보고서가 두꺼워질수록 작성하는 사람은 물론이고 읽는 사람 또한 곤욕이다. 과연 그 방대한 분량이 모두 필요한지 묻는다면 선뜻 그렇다고 답하기 어렵다. 업무의 고수는 알 것이다. 핵심 메시지를 뽑고 내용을 구조화하는 것이 보고서의 가치를 결정한다는 것을 말이다.

이때 도움받을 수 있는 것이 스토리 캔버스다. 스토리 캔버스는 방대한 내용의 이야기를 필요한 내용 중심의 1페이지 템플릿으로 정리해준다. 시간을 아끼는 효과적인 의사 전달이 가능해진다. 또 단지 정보만 전달하는 것이 아니라 대중이 원하는 공감적 서사라는 선물도 함께 선사한다는 것이 매력 포인트이다. 인간의 뇌는 일

스토리 캔버스③—K주사기 개발 이야기

제목
Title
크리스마스의 기적, K주사기

시간적 배경
Time background
2020년 12월,
코로나19가 한창 창궐하던 시절

공간적 배경
Spatial background
군산, 구미, 광주 공장

주인공
Lead character
풍림·상성·중기부… 31명의 특공대

메시지
Message
단 기간 내에 죽은 산 여러분의 주사기를 만들어라

조력자
Aide
대한민국 정부, 화이자

적대자
Antagonist
다른 나라 주사기 업체

줄거리
Plot
미안 우리 새끼 + 전방위속 합작의 플롯

장애물
Hurdle
1주일의 물리적 시간 압박, 정밀도를 요하는 기술력

반적으로 단순하게 나열된 정보를 들을 때보다 어떤 흐름이 있는 이야기를 들을 때 더욱 활성화된다. 그렇기에 스토리 캔버스 한 장이 갖는 힘은 생각보다 강하다. 앞으로 업무의 순서를 바꾸어보자. 스토리 캔버스를 전체 개요 목적으로 작성하고 이후 필요한 부분에 한해서 세부 보고서를 작성하는 순서로 진행하면 내용의 충실도도 높아지고 시간도 절약될 것이다.

이해에 도움을 주기 위해 앞에서 소개한 1,150단어의 K주사기 개발 이야기를 스토리 캔버스로 옮겨보았다(108쪽 참조). 시간 절약과 내용 축약이 동시에 가능하다는 것을 알 수 있을 것이다.

스토리 캔버스의 완성을 도와주는
핵심 질문

• •

지금까지 스토리 디자인의 필요성과 이때 활용할 수 있는 스토리 캔버스에 대해 살펴보았다. 그렇다면 스토리 캔버스를 더 쉽게 채울 수는 없을까. 스토리텔링 이론이나 효과를 설명한 자료들은 많지만 실제로 스토리 캔버스와 같이 당장 실질적으로 이용할 수 있는 자료를 구하기는 어렵다. 있더라도 픽션 쪽 스토리 작업에 대한 자료가 대부분이다. 주어진 업무에서 스토리가 담긴 전략을 만들어보려고 하면 막막한 기분이 드는 이유이다. 그러다 보니 스스로 만들기보다는 외부의 도움에 의지하게 된다. 하지만 수행해야 할 과제에 대한 스토리 만들기는 직접 채워야 할 영역이 많다.

어렵더라도 스스로 진행해야 한다. 이럴 때 도움이 되고자 스토리 캔버스를 실무에서 간편하게 작성할 수 있도록 핵심 질문들을 만들어보았다. 이 질문들에 대한 답을 구하다 보면 스토리 캔버스를 구성하고 있는 9개의 블록을 채워갈 수 있을 것이다. 단, 주어진 과제에 있어 필요한 질문들을 선별하여 답하면 된다. 모든 질문에 일일이 답을 구할 필요는 없다. 꼭 완성된 문장의 형태로 적지 않아도 된다. 키워드 형태로 기술해도 충분하다. 9개의 블록 중 어느 것을 먼저 채워도 상관없다.

① 제목

전체 스토리의 첫인상을 결정하는 것이 바로 제목이다. 제목이 전체 스토리를 읽고 싶게 하고 궁금증을 일으켜야 한다. 업무용으로 작성한 스토리 캔버스인 경우 사회과학적 냄새를 풍기는 것도 한 방법이다. '고르디우스의 매듭, 어떻게 풀 것인가?'와 같은 제목도 사내 혁신 프로젝트에서 적당하다. 제목은 메시지와 함께 스토리의 전체적인 내용을 함축적으로 제시하는 역할도 한다. 바쁜 사람들은 제목이 매력적이지 않을 경우 전체 내용을 읽는 데 본인 시간을 투자할 필요를 느끼지 못할 것이다.

개인적으로 좋아하고 리뷰 평점도 괜찮은 〈양자물리학〉이라는 영화가 있다. 매력 있는 주인공에, 짜임새 있는 이야기 구조에, 많은 이들이 흥미를 느끼는 범죄 스릴러 장르의 영화임에도 주제와 전혀 상관없는 학구적인 제목으로 인해 처절하게 관객들의 선택을 받지 못하였다.

- 사람들의 관심을 끄는 제목인가?
- 소리 내어 읽었을 때 어감이 어떤가?
- 스토리의 전체 메시지를 충분히 함축하고 있는가?
- 별도의 부제목이 따로 필요한가?

② 메시지

스토리를 통해 전달하고자 하는 바가 잘 나타나야 한다. '진취적으로 난관 해결', '위험한 재난에서 생존', '단합을 끌어내어 갈등 극복', '치열한 경쟁에서 승리' 등과 같이 명확할수록 좋다. 그래서 메시지만 보아도 앞으로의 스토리 진행이 어느 정도 예측 가능해야 한다. 개혁-저항, 공격-수비, 복수-타협 등 반대 개념을 생각해 보는 것도 메시지 구성에 도움이 된다.

- 중심 내용이 제대로 담겨 있는가?
- 관심 있게 들을 청중은 누구인가(타깃층은 어떻게 되는가)?
- 이 메시지의 반대 개념은 무엇인가?

③ 시간적 배경

- 과거-현재-미래 중 언제 진행되는 스토리인가?
- 시대적으로 큰 변혁(기술, 정치, 사회 등)의 시기인가?

④ 공간적 배경

- 주요 활동이 이루어지는 장소가 어디인가?
- 공적인 또는 사적인 공간인가?
- 현실 또는 가상의 공간인가?

⑤ 주인공

- 주인공의 객관적인 능력치는 어느 정도인가?
- 주인공은 무엇what을 원하고 있나?
- 주인공이 행동하는 동기why는 무엇인가?
- 주인공은 원하는 것을 이루기 위해 어떠한how 행동 계획을 가지고 있는가?
- 주인공은 인간의 성악설性惡說과 성선설性善說 중 어느 쪽을 더 믿는가?

⑥ 적대자

- 적대자의 객관적인 능력치는 어느 정도인가?
- 적대적인 이유가 개인적인 원인인가, 아니면 이해관계 문제

인가?

- 적대자가 숨어 있는가, 아니면 드러나 있는가?
- 적대자가 더 나올 가능성은 있는가?

⑦ 조력자

- 조력자가 주인공을 돕는 것이 개인적인 이유인가, 아니면 이해관계 때문인가?
- 조력자에 대한 주인공의 신뢰도는 어느 정도인가?
- 조력자의 영향력은 어느 정도인가?

⑧ 플롯

- 전체 스토리를 끌고 가는 주요 플롯은 무엇인가?
- 복합적인 플롯으로 구성되어 있는가? 그렇다면 각각의 가중치는?
- 단편과 장편 중 어디에 가까운가?
- 구분했을 때 몇 개의 막으로 구성되어 있는가?
- 플롯을 진행하는 주요 사건이나 이벤트는 무엇인가?
- 핵심적인 갈등은 무엇인가?

⑨ 장애물

- 극복할 수 있는 난이도인가?

- 이전에 경험해본 장애물인가?
- 적대자에 의해 만들어졌는가?

위 질문들의 답을 구하는 과정에서 스토리 디자인을 완성하기 위해 필요한 데이터가 무엇인지 한결 명확해진다.

3.0장

. . . .

파이낸셜 스토리를 만드는
8개의 플롯

　인간의 상상력과 창의력이 투영된 플롯을 두고 좋고 나쁨을 쉽게 평가할 수는 없다. 그러나 완성도 높은 플롯이 되려면 확실한 심연의 구조가 있어야 한다. 즉 이야기를 끝까지 밀고 나갈 수 있는 깊은 차원의 갈등이 확보되어야 한다는 의미다. 그렇지 못한 경우 밋밋하고 심심한 이야기로 흐르게 된다.

　플롯은 보통 인물에 의해 진행된다. 평균적으로 약 3명 정도의 등장인물이 개입될 때 완성도 있는 플롯을 구성할 수 있는데, 그들 간의 관계가 밀도 있게 펼쳐져야 한다. 스토리 캔버스의 등장인물도 주인공, 적대자, 조력자와 같이 3명으로 구성된 이유이다. 등장인물이 2명에 그칠 경우 관계가 단조로워질 수 있으며, 반대로 4명 이상이 되면 오히려 복잡하여 그들 사이를 이야기로 펼쳐내기가 쉽지 않다.

미국의 몬태나주립대학교 연극학과 교수이자 문화비평가인 로널드 토비아스는 인간의 마음을 사로잡는 플롯을 20가지 유형으로 나누었는데, 실제로 스토리를 디자인하다 보면 사람 사는 세상에서 나올 수 있는 모든 스토리 유형이 여기에 다 포함돼 있음을 알 수 있다. 인간사의 희로애락이 이러한 플롯 위에서 펼쳐지는 것이다. 최근 보았던 영화나 읽었던 소설이 다음 중 어느 플롯에 해당하는지 한번 생각해보기 바란다.

① 추구: 무언가를 갈구하며 찾아가는 플롯이다. 주인공이 장소나 사물을 탐색하며 계속하여 찾아 헤맨다. 찾으려는 대상과 찾는 사람의 동기 사이에 팽팽한 긴장 관계를 유지하며 끌고 나간다.

② 모험: 여행에 초점을 맞춘 이야기 흐름이다. 모험 플롯은 언뜻 추구 플롯과 닮았지만 전자는 행동의 플롯, 즉 몸의 플롯이고 후자는 마음의 플롯이다. 모험 플롯은 전래 동화에서 많이 발견되는 유형인데 작품의 초점이 사람보다는 여행 그 자체에 맞추어져 있다.

③ 추적: 쫓는 사람과 쫓기는 사람 사이의 갈등이 기본 구조이다. 쫓기는 사람의 길이 좁을수록 좋다. 둘 사이에 잡고 잡힐 기회가 한두 번은 주어져야 한다. 일정 기간 잡아둘 수 있다면 더 효과적인 설정이 된다.

④ 구출: 구출의 플롯은 등장인물의 성격보다는 행동에 의존한

다. 보통 등장인물 간의 삼각관계는 주인공-악역-희생자로 구성되는데 주인공이 악역으로부터 희생자를 구출한다. 이 플롯은 도덕적 흑백 논리를 전제하고 있는데 이야기의 초점은 주인공이 적대자를 쫓아가는 과정에서의 어려움에 있다.

⑤ 탈출: 답답한 상황이나 물리적으로 갇힌 곳에서 도망쳐 나가야 한다. 주인공은 자신의 의지와 관계없이 종종 부당하게 억류돼 있다. 그리고 이를 벗어나려는 시도를 계속해야 한다. 이 플롯 또한 기본은 구출과 마찬가지로 흑백 논리에 근거한다. 대개 주인공이 희생자 역할인데 이는 구출 플롯과 반대이다.

⑥ 복수: 주인공이 억울한 상황에 처한 것에서 이야기가 시작되며 복수에 대한 치밀한 계획과 실행이 순서대로 나온다. 후반부에 이르러 극적 대결을 펼치게 된다. 때로는 주인공의 계획은 수포로 돌아가 철저하게 계획을 다시 세워야 하는데 이는 상당한 대가를 필요로 한다. 복수의 성공 가능성은 끝까지 감추어두어야 몰입감이 좋아진다.

⑦ 수수께끼: 물음에 대한 가장 중요한 단서는 감추지 않는다. 하지만 너무 쉽게 파악되어서도 안 된다. 해결의 핵심은 주인공의 영리함에 있다. 수수께끼의 긴장은 실제로 일어나는 것과 일어나야만 하는 것 사이의 갈등에서 온다. 그것을 주인공이 풀기 전에 독자가 풀어보도록 도전 거리를 제공한다.

⑧ 라이벌: 갈등의 원천은 대결을 피할 수 없는 세력이 물러서지

않는 대상을 만난 결과로 나타난다. 라이벌 간의 갈등의 본질은 주인공과 적대자 사이의 세력 투쟁이다. 양자는 가급적 대등하게 맞붙어야 한다. 그들의 세력이 완전히 같지는 않아도 상대방을 대적할 만한 힘은 가지고 있도록 설정한다.

⑨ 희생자: 주인공이 처한 상황에 공감이 가게 하는 것이 중요하다. 이를 통해 관객의 동정심을 유발한다. 희생자 플롯은 라이벌 플롯과 유사하나 주인공과 적대자가 대등한 상대가 되지 않는다는 점에서 차이가 있다. 희생자는 보통 적대 세력이 설정한 장치들을 극복한다. 마지막에 주인공이 모든 난관을 이겨냈을 때 관객도 주인공과 같은 승리감을 느끼게 한다.

⑩ 유혹: 스토리 진행 과정에서 주인공이 다양한 유혹에 빠진다. 유혹에는 치명적인 대가가 따르며 관객은 유혹에 빠진 인물을 안타까워한다. 유혹의 플롯은 등장인물에 초점이 맞춰져 있다. 인간의 성격, 동기, 필요, 충동 등에 주목한다. 주인공의 도덕성과 유혹이 끼친 영향에 따라 결과가 달라진다. 이야기의 끝부분에서 주인공은 유혹에 빠진 이유로 혹독한 시련을 치르고 여기서 얻은 깨달음 덕분에 도덕적으로 한 단계 높은 기준으로 올라간다. 비록 행동이 외면적으로 일어나기는 해도 플롯의 주요 갈등은 주인공의 내면에서 일어난다. 내면의 소용돌이에서 갈등이 야기된다. 해서는 안 된다는 것을 알고는 있었지만 저질렀기에 결과가 발생한다.

⑪ 변신: 본연의 모습에서 변하는 인물은 미스터리를 갖고 있다.

변신은 보통 저주의 결과인데 치료는 사랑을 통해 이루어지는 경우가 많다. 사랑의 형태는 부모와 자식, 남녀, 인간이나 신에 대한 사랑 등으로 설정할 수 있다. 변신은 주인공에게 주로 나타난다. 플롯의 핵심은 주인공이 변신의 과정을 겪으며 더 나아진 인간의 모습으로 돌아온다는 데 있다.

⑫ 변모: 변화의 책임을 누가 질 것인가가 갈등의 핵심이다. 변모의 플롯은 주인공이 인생의 여러 단계를 여행하면서 겪는 변화를 다루어야 한다. 변모하는 기간을 주인공의 삶에서 따로 떼어내어 구성한다. 한 성격에서 다른 성격으로 움직이는 변화를 다루기도 한다. 이야기는 변화의 본질에 집중해야 하고 경험의 시작에서부터 마지막까지 주인공에게 어떻게 영향을 미쳤는지 보여주어야 한다.

⑬ 성숙: 주인공의 어린 시절 순진한 삶과 보호받지 못하는 어른의 삶을 대비시킨다. 이야기를 주인공의 도덕적·심리적 성장에 집중하는 것이 도움이 된다. 변화를 시작하려는 주인공을 설정했다면 이 세상에 대한 주인공의 믿음과 이해에 도전할 수 있는 사건을 창조해야 한다. 등장인물이 변화를 거부하는가 받아들이는가에 따라 진행이 달라진다.

⑭ 사랑: 사랑의 대상은 항상 중요한 장애 요소와 함께 나타난다. 등장인물은 상대를 원하지만 어떤 이유에서든지 함께할 수 없다. 적어도 지금 당장은 그렇다. 연인들은 어떤 면에서 서로 어울리지 않는 측면이 있다. 서로 신분이 다르다거나 신체적으로 평등하지

않다. 이를테면 평강 공주와 바보 온달, 로미오와 줄리엣 가문의 결합 등이다. 장애 요소를 극복하려는 첫 번째 노력은 대개 무산된다. 성공은 쉽게 오지 않는다. 사랑은 헌신과 끈질김으로 입증되어야 한다.

⑮ 금지된 사랑: 금지된 사랑은 사회적 관습에 어긋나는 사랑이다. 그래서 연인에 대해 눈에 보이거나 보이지 않는 반대 세력이 있다. 연인들은 사회적 관습을 무시하고 열정을 좇아간다. 이에 따른 비극적 결과가 따른다. 간통은 가장 흔한 형태의 금지된 사랑이다. 간통하는 자는 이야기의 흐름에 따라서 주인공이거나 적대자가 된다. 배반당한 배우자도 마찬가지다.

⑯ 희생: 희생은 개인에게 커다란 대가를 치르게 한다. 주인공은 신체적으로나 정신적으로 험하고 위험한 일을 해야 한다. 이야기가 진행되는 동안, 낮은 도덕적 차원에서 숭고한 차원으로 중요한 변화를 겪는다. 그러다 맞닥뜨린 사건 해결에 있어 주인공의 결단을 요구한다.

⑰ 발견: 발견 자체보다는 등장인물이 발견하는 과정에 초점이 맞추어진다. 예를 들어 잉카 왕의 사라진 무덤의 비밀을 찾는 것이 아니라 인간의 본질에 대한 이해를 찾는 것이 핵심이다.

⑱ 지독한 행위: 지독한 행위의 플롯은 등장인물의 심리적 몰락에 관한 것이다. 보통은 등장인물의 성격적 결함에 초점을 맞춘다. 위기의 순간은 주인공을 비극적 성격의 결함에 완전히 항복하게 만

들거나 여기서 벗어나게 만들 수 있다.

⑲&⑳ **상승과 몰락**: 보통은 이야기를 한 명의 주인공에 맞춘다. 주인공은 카리스마를 지니고 있으며 독특하게 보여야 한다. 이야기의 핵심에 도덕적 난관을 설치하는데, 이 난관이 주인공이나 적대자를 시험한다. 그리고 난관은 변화의 촉매를 위한 토대가 된다. 가급적 직선적인 상승과 몰락은 피하는 것이 좋다. 그것에 이르는 경로는 자세히 그린다.

《법적 근거 없음》,《유죄 추정》,《교착》 등의 소설을 쓴 미국 작가 제임스 스콧 벨은 대학에서 소설 작법 강의를 하며《소설 쓰기의 모든 것 1: 플롯과 구조》를 출간했다. 그는 여기서 자주 활용되는 9가지 플롯 유형을 제안했는데 위에서 소개한 토비아스의 분류와 많은 내용이 중복된다. 사람 사는 세상에서 일어나는 이야기 플롯은 비슷한 것이다. 한번 비교해보자.

① **탐색**: 역사가 가장 오래된 플롯으로 영웅이 무엇인가를 구하러 낯선 세계로 들어간다. 주인공은 일상 세계에서 불완전한 존재이며 탐색 대상은 매우 중요한 것이어야 한다. 탐색을 방해하는 요인이 중간에 설치돼 있다. 탐색이 끝난 후 주인공은 다른 사람(보통은 더 나은 사람)이 되어야 한다. 그러나 결실을 보지 못하는 탐색 이야기에서 주인공은 비극적인 결말을 맞이할 수도 있다.

② **복수**: 복수는 원시 부족의 삶에서 자주 나타난다. 당신이 나의 형제를 죽이면 나도 당신의 형제를 죽이는 것처럼 일차원적이고 대응적이다. 복수는 본능적인 차원의 패턴이기에 매우 감정적인 모습을 지닌다. 일반적으로 폭력을 수반하므로 주인공에게 동정심이 들게 해야 한다. 복수로 인한 열망이 주인공의 내면에 변화를 가져온다.

③ **사랑**: 두 사람이 사랑에 빠지고 특정한 사건으로 인해 두 사람은 헤어진다. 다시 만나거나 비극적인 상황으로 치닫기도 한다. 연인 중 하나 또는 둘 모두는 사랑을 통해 성장한다.

④ **모험**: 주인공이 집을 나서 여행을 떠난다. 뚜렷한 목적지가 있다기보다는 단지 모험을 하고 싶어 출발하는 것이다. 여행 도중에 흥미로운 사람들을 만나고 재미있는 상황에 마주한다. 주인공은 여행을 마친 후 자신 또는 자신의 삶에 대한 통찰을 얻게 된다.

⑤ **추적**: 중요한 이유로 인해 어떤 사람이 도망을 쳐야 한다. 추적자는 주인공 또는 적대자일 수 있는데, 그는 추적하는 인물을 꼭 잡아야 하는 의무 또는 강박관념을 가지고 있다.

⑥ **저항**: 주인공은 공동체의 도덕규범을 구현해야 한다. 공동체를 위협하는 적이 있고 이 적은 주인공보다 강한 힘을 가지고 있다. 주인공이 공동체에 도덕규범을 고취함으로써 승리하며 때로는 주인공의 자기희생으로 끝을 맺기도 한다.

⑦ **외톨이**: 주인공은 공동체에 연루되기를 원치 않고 자신의 도

덕 원칙에 따라 사는 인물이다. 어떤 사건이 발생하여 주인공이 큰 어려움에 빠진다. 주인공은 어떤 입장을 수용할지 말지 결정해야 한다. 주인공은 자신의 닫힌 세계로 다시 돌아가거나 공동체에 합류하기로 결정한다.

⑧ 권력: 주인공은 대개 약자의 지위에서 시작하며 야망과 권력을 조금씩 얻어가며 신분이 상승한다. 권력을 얻는 반대급부로 도덕적 대가를 치르며 몰락을 경험하거나 도덕심을 되찾기 위해 권력을 희생할 수 있다.

⑨ 알레고리: 어떤 주제를 말하기 위해 다른 주제를 사용하여 그 유사성을 적절히 암시한다. 우의寓意, 풍유諷諭라 불리기도 하는 알레고리는 인물, 행위, 배경 등이 일차적인 의미(표면적 의미)와 이차적인 의미(이면적 의미)를 모두 가지도록 고안된 이야기다. 예를 들면 조지 오웰의《동물농장》은 일차적으로는 동물 세계를 보여주지만 그 이면을 들여다보면 인간 세계에 대한 풍자와 교훈을 담고 있다.

영화, 소설 등의 픽션 만들기에서 시작된 위의 플롯들은 현실 세계에서도 사용할 수 있다. 애당초 픽션이라는 것이 현실의 모방에서 시작했기 때문이다. 그러나 여기서는 이 책의 목적에 맞게 다양한 현실 세계 중에서도 비즈니스의 영역에서 많이 쓰이는 8가지 플롯을 추려 소개하려 한다. 미리 말하지만, 이 플롯들은 서로가 완벽하게 MECEMutually Exclusive Collectively Exhaustive 하지는 않다.

중복이나 겹침의 영역이 일부 존재한다. 우리가 아는 성공한 기업들은 이 중 하나 또는 여러 개의 플롯을 혼용한 파이낸셜 스토리를 만들어 우리 곁으로 다가왔다.

"우수한 전략이란 남에게 불쑥 이야기하고 싶어지는 재미있는 스토리다."

3.1장
......

초라한 시작에서 비범한 성장으로, '미운 오리 새끼' 플롯

스승이나 주변 누군가의 도움을 계기로 폭발적으로 성장하는 이야기로서 픽션뿐 아니라 비즈니스 스토리에서도 빈번히 사용되는 이야기 패턴이다. 픽션에서의 대표적인 예로는 애니메이션 〈쿵푸팬더: 네 안의 영웅을 깨워라〉(시리즈 1편)가 있다. 뚱뚱한 팬더(판다) 포가 쿵푸(쿵후)를 배워 강력한 적 타이렁을 싸워서 물리치는 과정을 그린 애니메이션이다. 뚱뚱하고 게으른 포가 용의 전사가 되기까지 자신에게 숨겨져 있던 잠재력을 깨우치며 히어로가 되어가는 스토리다. 이때 대사부인 거북이 우그웨이가 포를 끝까지 믿고 격려해주며 마인드를 깨워주는 역할을 한다. 처음에 포를 탐탁지 않게 여겼던 사부 시푸도 그의 잠재성을 알아챈 후 그만을 위한 맞춤형 훈련법으로 무술을 직접 연마시켜준다. 이 과정에서 우리는 뚱뚱하고 게을러서 초라하기만 했던 포가 쿵푸 마스터로 비범한

〈쿵푸팬더 1〉 영화의 한 장면

성장을 이루는 것을 목격한다. 영화의 부제 '네 안의 영웅을 깨워라'는 이런 미운 오리 새끼의 이야기 패턴을 암시하고 있다.

너는 네가 무엇이었는지 무엇이 될지에 너무 사로잡혀 있단다.

이런 말이 있지… 어제는 역사고 내일은 미스터리이지만 오늘은 선물이다.

그게 오늘을 선물이라 부르는 이유란다.

You are too concerned with what was and what will be.

There's saying… yesterday is history tomorrow is mystery but today is a gift.

That is why it is called the 'present.'

이후 많은 작품에서 인용되어 우리에게 친숙해진 대사다.

이와 같은 플롯 형태는 할리우드 영화 〈록키〉에서도 목격된다. 필라델피아 뒷골목을 전전하던 록키가 고리대금 업자의 하수인 노릇으로 생계를 근근이 이어가던 중 짝사랑하던 여인 에이드리언과 연인이 되며 잃어버렸던 복서로서의 꿈을 다시 찾는다는 줄거리이다.

아인슈타인은 두 번 낙제했어.

베토벤은 귀머거리였고, 헬렌 켈러는 장님이었어.

록키, 당신한테도 기회가 온 거예요.

에이드리언의 이런 충고는 스스로 쓸모없는 인생을 살고 있다고 생각하던 록키를 근성 있는 승부사로 바꾼다. 다시 링에 오를 꿈을 다지며 매일 새벽 필라델피아 미술관 계단을 뛰어오르고 샌드백도 힘차게 친다.

시합에서 져도 머리가 터져버려도 상관없어.

15회까지 버티기만 하면 돼. 아무도 거기까지 가본 적이 없거든.

종소리가 울릴 때까지 두 발로 서 있으면,

그건 내 인생에서 처음으로 뭔가를 이뤄낸 순간이 될 거야.

〈쿵푸팬더〉와 〈록키〉, 애니메이션과 실사 영화라는 장르를 걷어 내고 보면 상당히 유사한 스토리 전개를 따른다. 초라하고 보잘것 없던 주인공이 조력자를 만나 가파른 성장 과정을 거쳐 원하는 바를 향해 나아가는 플롯 전개이다. 이러한 이야기의 원형인 안데르센 동화 《미운 오리 새끼》 이후 이 플롯은 숱하게 활용되었다. 오리에서 백조로의 성장 이야기는 대중에게 '나도 언젠가는 이루고야 말 거야!'라는 동기부여와 긍정의 기운을 준다는 점에서 비즈니스 영역에서는 기업들의 초기 창업 스토리에서 많이 목격된다.

어둠 속에서
든든한 버팀목이 되어준 투자자들

• •

국내 엔터테인먼트 산업의 새로운 신화를 쓰고 있는 하이브의 성공 발자취를 짚어보자. 우리나라에서 대중음악은 오랫동안 '딴 따라'로 통했다. 대중이 일상에서 매일 듣고 즐기는 데도 예술 영역 으로는 평가받지 못했다. 이런 탓에 명문대 출신이 이 분야로 진출 하면 그 자체로 화제가 되던 시기가 있었다. 서울대를 졸업한 방시 혁 하이브 의장도 언론의 관심을 받으며 음악계에 들어왔다. 그는

1994년 유재하음악경연대회에서 수상하며 가요계에 본인의 이름을 알렸다. 이후 JYP의 수석 작곡가로 GOD의 〈하늘색 풍선〉, 박지윤의 〈난 사랑에 빠졌죠〉, 비의 〈나쁜 남자〉, 백지영의 〈총 맞은 것처럼〉 등 히트곡을 연달아 써내며 큰 성공을 거두었다.

그는 2005년 독립을 결심하고 연예 기획사 빅히트엔터테인먼트를 설립했다. 그러나 막대한 자금이 들어가는 아이돌 그룹 만들기는 더디기만 하고 진척이 없었다. 그동안 작곡한 노래의 저작권료를 담보로 한 대출과 가까스로 받은 벤처캐피털 투자금으로 2012년 걸그룹 '글램'을 세상에 내보였다. 그러나 글램은 빛을 보지 못한 채 각종 구설수에 오르며 3년 만에 해체당하는 아픔을 겪었다. 초기 스타트업으로서 감당하기 어려운 참혹한 실패였다. 그를 믿고 투자한 투자자들로부터 원성을 듣는가 하면 스타 작곡가의 처절한 경영 실패라는 언론의 조롱 섞인 비판을 듣기도 했다. 그가 지금껏 쌓아온 모든 명성과 음악적 지위가 흔들리던 위기의 순간이었다.

방 의장은 글램의 실패를 되돌아보며 더 체계화된 아이돌 육성 시스템이 무엇인지 고민한다. 그리고 발군의 프로듀싱 역량과 경영 마인드를 결합해 새로운 시스템을 고안해냈다. SV인베스트먼트 등 초기 투자자들을 다시 끈질기게 설득해 활동에 필요한 투자금을 어렵게 수혈받는다. 걸그룹 실패로 회사의 모든 자금은 소진된 상황이었다. 이렇게 절치부심 끝에 탄생한 보이그룹이 바로

'BTS(방탄소년단)'다. BTS가 처음 데뷔했을 때 시장에서는 큰 기대를 보내지 않았다. 국내보다는 해외 활동에 주력하며 인지도나 화제성 면에서 주목을 받지 못한 것이다. 그러나 여느 아이돌과는 다른 수준 높은 음악성과 체계적인 매니지먼트에 힘입어 점차 해외에서 인기를 얻더니 어느덧 '비틀스'에 비견되는 세계적 아티스트로 성장하게 된다. 국내시장을 벗어나 처음부터 해외를 공략한 포인트가 적중했다. 빅히트엔터테인먼트도 BTS의 성공 바람을 타고 2020년 시가총액 4조 8,000억 원의 공모가로 유가증권 시장에 상장됐다. BTS로 세계를 제패한 방 의장은 그 너머를 바라보고 그림을 그렸다. 2021년 1조 1,860억 원에 이타카홀딩스 지분 100%를 인수했다. 이타카홀딩스는 세계적인 아티스트인 저스틴 비버, 아리아나 그란데 등이 소속된 미디어 그룹이다. 글로벌 톱티어Top-Tier 멀티 레이블 체제를 구축함으로써 글로벌 시장 공략을 위한 초석을 마련했다. 방 의장은 자본시장으로부터 사업의 발판을 얻어내어 세계를 호령하는 범으로 성장했다. 결국 국내 엔터테인먼트 회사로는 처음으로 시가총액 10조 원이 넘는 거대 기업으로 발돋움했다. 그리고 '뉴진스'로 2연타를 기록하며 라인업을 확장하고 있다.

크래프톤의 성장 과정도 유사한 길을 따른다. 크래프톤의 전신인 게임 〈배틀그라운드〉의 개발사 '블루홀'은 창업 3년차인 2009년 위기에 직면한다. 인터넷 업체 네오위즈와 검색엔진 업체

첫눈을 세운 장병규 블루홀 의장과 국내 최고 히트 게임 〈리니지〉의 개발 주역인 박용현 실장이 콤비를 이뤄 시작부터 시장의 주목을 받았다. 그러나 리니지 개발사인 엔씨소프트와 소송전을 치르며 사업은 첫발을 내딛기도 전에 막을 내릴 위기에 처했다. 게임 개발에는 막대한 비용이 드는데 큰 소송이 진행 중인 기업에 선뜻 투자할 투자자를 구하기란 쉽지 않았기 때문이다. 이런 어려운 상황에서도 두 콤비는 강력한 IR 마케팅으로 170억 원의 외부 투자금을 유치했다.

위기의 한고비를 넘어선 블루홀은 2011년 다중 접속 역할 수행 게임MMORPG 〈테라〉를 출시했다. 제작비만 400억 원 넘게 들어간 대작이었지만 아쉽게도 중국 시장에서 고전하며 큰 성과를 거두지는 못했다. 2015년에는 263억 원의 적자를 기록하며 더 이상 회복이 불가능하다는 시장의 평가를 받기도 했다. 투자은행 업계에서는 벤처캐피털의 '역대급 투자 실패 흑역사'라는 얘기가 이곳저곳에서 흘러나왔다.

이런 그들에게 마지막 동아줄이 내려왔다. IMM인베스트먼트와 프리미어파트너스가 추가로 100억 원 이상 자금을 더 투입한 것이다. 초기 자금이 바닥나 창업 3~5년 사이 스타트업의 폐업이 속출하는 소위 '죽음의 계곡'에서도 경쟁력 있는 게임 콘텐츠를 제작했던 그들의 저력이 투자자의 마음을 움직인 것이다. 이제 조력자를 비롯한 스토리 캔버스 블록들이 갖추어졌다.

실탄을 제공받은 블루홀은 중소형 게임사를 인수하며 새로운 게임 라인업 구축을 시작한다. 이때 김창한 프로듀서(현 크래프톤 대표)가 이끄는 지노게임즈도 블루홀에 인수됐다. 지노게임즈는 '배틀로얄' 장르가 게임 업계를 휩쓸고 있는 것에 착안해 〈배틀그라운드〉 개발에 착수한 상태였다.

개발 자금이 넉넉하지 않았지만 천신만고 끝에 2017년 신작을 출시했다. 이 게임은 정식 출시 전 게임을 선 출시하는 '얼리액세스 Early Access' 단계에서 최단 기간인 16일 만에 100만 장의 판매 기록을 달성했다. 공전의 히트인 〈배틀그라운드〉를 통해 2018년 이후 1조 원의 연매출과 3,000억 원대의 영업이익을 얻었다. 블루홀은 2018년 사명을 아예 '크래프톤'으로 변경하고 기업 공개에 나섰다. 10년간의 도전 끝에 천덕꾸러기 오리에서 백조로 하늘을 날게된 것이다. 공모가 기준 시가총액이 24조 원으로 한때 소송전을 벌인 엔씨소프트를 넘어서 게임 분야 대장주로 등극했다. 시작은 초라했지만 자본시장에서 든든한 우군의 지원을 무기로 글로벌 게임회사로 올라서게 되었다.

STORY

3.2장

. . . .

고난 끝에 성공 신화,
'신데렐라는 있다' 플롯

파란만장과 우여곡절 끝에 성공을 이루게 된다는 익숙한 동화, 《신데렐라》의 스토리 패턴도 많은 곳에서 활용되고 있다. 이 플롯은 응용할 수 있는 범위가 넓다. 다들 원하는 바가 있지만, 현실에서 이를 달성하기란 쉽지 않기 때문이다. 우리 주변만 보아도 칠전팔기 정도는 예삿일이다. 앞에서 소개한 미운 오리 새끼와 유사한 부분도 있지만 '맨땅에서의 시작'보다는 '험난한 고난과 연속된 장애물의 극복'에 방점이 있다는 것이 차이점이다. 목표에 도달하는 과정에서 '업&다운'이 무한 반복되는 것이다. 고난의 대명사이자 천재 지략가, 성웅 이순신 장군의 전쟁사도 이 플롯을 따른다.

1597년 임진왜란 6년, 오랜 전쟁으로 인해 혼란이 극에 달한 조선은 전국을 유린하는 왜군에 의해 국가가 존망의 위기에 처하자 누명을 쓰고 억울한 파면을 당했던 이순신 장군을 삼도수군통제

사로 재임명한다. 하지만 그에게 남은 건 전의를 상실한 병사들과 두려움에 가득 찬 백성, 그리고 단 12척의 배가 전부이다. 심지어 선조를 비롯한 조정의 의심과 불신은 그를 더욱 어렵게 했다. 마지막 희망이었던 거북선마저 불에 타버리고 뛰어난 지략을 지닌 구루시마 미치후사가 왜군의 수장으로 나서자 분위기는 더욱 술렁였다. 330척에 달하는 왜군의 배가 속속 집결하며 압도적인 수적 열세에 처하게 된 상황에서 모두가 조선의 패배를 직감했지만, 이순신 장군은 단 12척의 배를 이끌고 명량 바다를 향해 나섰다.

자, 여기까지만 들어도 더 보태기도 어려운 모든 고난과 역경이 이순신 장군에게 몰아치고 있다는 것을 알 수 있다. 이런 어려움을 딛고 전쟁에서 승리했기에 아직도 우리의 입에서 입으로 회자되는 전쟁 스토리가 만들어진 것이다. 한국 영화 최다 관객 역시 이순신 장군의 이야기가 보유하고 있고, 실존 인물로 영화화된 횟수로도 단연 일등이다.

각종 시험의 합격 수기에서도 쉬운 합격보다는 고난과 역경을 극복한 케이스가 조회 수가 높고 TV 드라마나 영화에서도 험난함을 이겨낸 스토리가 대중의 이목을 더 사로잡는다. 우리 모두 자신은 쉬운 길을 가고 싶어 한다. 그러나 남들이 평이하게 목표한 바를 이루는 것에 대해서는 아무래도 공감이 떨어진다.

모두가 불가능하다고 본 도전,
신대륙을 찾아서

∙ ∙

〈백투더퓨처〉, 〈블레이드 러너〉 등 과거 인기를 끌었던 SF 영화들은 어느새 '시효'가 지났다. 1989년 영화 〈백투더퓨처 2〉는 2015년 10월 21일의 미래를 예측했다. 과거에 있던 주인공 마티 맥플라이가 2015년으로 시간여행을 했다. 오늘 시점에서 보아도 이미 8년이 훌쩍 지난 과거 얘기다. 영화에서처럼 자동차는 아직 하늘을 날지 못하지만 평면 TV와 영상 통화를 이용한 화상 회의, 웨어러블 기기 등은 실제로 현실화됐다. 1982년 개봉한 〈블레이드 러너〉는 2019년 LA를 배경으로 복제 인간과 비행 자동차를 보여 줬다. 복제 인간은 아직 실현되지 않았지만 2025년이면 '플라잉 카 UAM'가 나올 수도 있다. UAM은 수직 이착륙할 수 있는 전기 동력 비행체를 이용하는 차세대 교통 체계이다. '에어택시', '드론택시'라고도 불린다.

이처럼 당시에는 꿈의 영역이라 불린 상상의 세계가 일부 현실이 됐다. '허튼소리'를 현실로 만든 이들은 굳은 뚝심과 돌파력을 지녔다. 그리고 불신이 가득한 상태에서도 특유의 스토리를 만들어 외부로부터 필요한 자원을 끌어모으는 데 특화된 기질을 보였다. 대표적인 이가 '대항해시대'를 연 콜럼버스다. 중세 시대는 기독교적 세계관으로 천동설이 진리로 여겨졌다. 일부 과학자들이 '태양을 중심으로 지구가 돈다'는 지동설을 주장했지만 큰 힘을 얻지 못했다. 지구가 우주의 중심이 아니라는 논리는 이단으로 몰릴 수 있는 위험한 주장이었다.

이탈리아 출신인 콜럼버스는 바다 건너 신대륙을 찾으면 엄청난 양의 황금을 가져올 수 있다고 큰소리를 치고 다녔다. 그가 떠도는 풍문만을 믿고 목숨을 잃을지 모르는 프로젝트를 제안한 것은 아니다. 당시에는 천동설이 주류 해석으로 여겨졌지만, 일각에서는 과학적 근거를 가진 지동설이 점차 확산하고 있었다. 여기에 나침판 등 당시 첨단 기술이 동원되면서 장거리 항해가 현실에서 가능해졌다. 이런 환경에서 그는 과감한 도전에 뛰어든 것이다.

다만 장기간 항해를 하려면 배, 선원, 식량 등 큰 자금이 필요했다. 지금의 상황으로 해석하자면, 민간 기업가인 콜럼버스가 창업 아이템을 가지고 벤처캐피털에 투자금을 유치하는 일을 진행한 것이다. 먼저 포르투갈 국왕에게 지원을 요청했지만 거절당했다. 프랑스를 비롯한 여러 나라를 돌아다녔지만 모두에게서 퇴짜를 맞았다.

콜럼버스는 여기서 포기하지 않고 포르투갈의 경쟁국인 스페인으로 향했다. 스페인에서도 대신들이 콜럼버스를 사기꾼으로 몰며 지원을 반대했다. 그러나 이사벨라 1세는 국력을 회복하기 위한 도전이 필요하다고 봤다. 르네상스를 맞은 이탈리아의 도시국가들이 지중해 무역을 장악하며 성장하고 있는 반면, 스페인은 지속된 전쟁으로 국력이 소진되고 있었다. 결코 적은 투자 비용은 아니었지만 성공하면 큰 반전을 이뤄낼 수 있다고 본 것이다. 하이 리스크, 하이 리턴high risk, high return의 투자안을 선택한 것이다.

콜럼버스는 선박 250톤급 3척, 선원 88명으로 대서양을 건너 아메리카 신대륙을 발견했다. 콜럼버스는 이사벨 1세에게 약속했던 금광을 찾는 데는 실패했지만 그가 개척한 길을 뒤따른 다른 탐험가들이 아메리카 대륙에서 금광을 발견했다. 이후 매년 1톤 이상의 금과 200톤 이상의 은을 유럽으로 들여오면서 스페인은 '태양이 지지 않는 제국'으로 불리게 되었다.

나의 꿈은 사이즈가 다르다, 그래서 참을 수 있다

• •

이런 혁신가들은 오늘날에도 기적을 만들어내고 있다. 일론 머스크는 동시대가 낳은 세계 최고의 혁신가다. 일반인의 상식과는 달리 먼저 상상해놓고 이후 실현 방법을 찾는 그는 세계를 놀라게 하는 서비스와 제품들을 속속 내놓았다. 그는 13세 때 게임 프로그램을 개발해 500달러를 받고 컴퓨터 잡지에 팔 만큼 일찍부터 아이디어를 돈으로 만들어내는 데 재능을 보였다. 스탠퍼드대학교 박사과정에 입학한 지 이틀 만에 자퇴하고 미국에서 인터넷으로 유용한 정보를 제공하는 지역 포털 '집Zip2'를 개발했다. 28세가 되자 3억 7,000만 달러를 받고 이 회사를 컴팩에 매각했다. 그 후 인터넷 은행 '페이팔'을 공동 창업해 새로운 비즈니스 영역을 개척했다. 2002년 온라인 쇼핑몰 업체 이베이가 페이팔을 15억 달러에 인수하면서 머스크는 31세에 억만장자가 됐다.

젊은 날 큰 성공을 맛본 머스크는 현실에 안주하지 않고 더 확장된 상상의 나래를 폈다. 그는 모빌리티 혁명을 꿈꾸며 3가지 교통수단을 미래 과제로 삼았다. 도로 위의 전기자동차 테슬라, 땅밑의 하이퍼루프, 우주 속의 스페이스X 로켓이 그가 상상한 미래 운반 수단이다.

테슬라는 많은 이의 의구심을 이겨내고 세계 모빌리티 시장의 표준이 돼가고 있다. 내연기관 자동차가 점차 수명을 다하고 전기차가 주류로 부상하며 일론 머스크는 세계 최고 부자가 됐다. 2003년 설립된 테슬라는 꿈을 먹고 자란 대표적 기업이다. 2010년 나스닥은 적자 기업인 테슬라를 '장밋빛 아이디어'만 보고 상장을 허락했다. 당장 이익을 내지 못하는 기업을 특례 상장하는 새로운 방식을 처음 그에게 적용했다.

머스크는 장밋빛 청사진을 약속했지만 전기차의 대중화는 쉽사리 다가오지 않았다. 창사 이래 17년간 계속 적자를 이어오면서 머스크는 '희대의 사기꾼'으로 몰렸다. 머스크는 "2017년 연말까지 자율 주행차가 미국을 누비게 하겠다"라고 했지만 이마저도 공수

표에 그쳤다. 스티브 워즈니악 애플 공동 창업자는 "머스크가 무슨 말을 하든 더 이상 믿지 않겠다"라고 비판할 만큼 시장의 분위기는 그에게 냉랭했다.

그럼에도 머스크는 전기차의 대중화를 포기하지 않았다. 큰 그림을 그리며 자동차 산업 전반을 흔들더니 코로나19가 세계를 강타할 때 오히려 게임 체인저로 등극했다. 소비자들이 전기차를 대세로 받아들인 것이다. 글로벌 자동차 회사들이 앞다퉈 전기차 시장 진출을 선언하고, 내연기관을 포기하겠다는 기업들도 계속해서 나오고 있다. 2020년 창사 이래 첫 흑자를 기록하더니 2021년에는 '천슬라(주당 1,000달러+테슬라)'를 넘어섰다. 도요타, 폭스바겐을 넘어 자동차 업계 시가총액 1위를 달성한 것이다.

테슬라보다 앞서 2002년 직접 창업한 민간 우주탐사 기업 스페이스X도 현실화 가능성이 커졌다. "화성에 인간을 보내겠다"는 야심찬 계획이었지만 한동안 '헛소리'라는 오명을 들어야 했다. 개발 지연과 폭발 사고가 연달아 일어나면서 스페이스X 파산설이 끊이지 않았다. 그러나 설득력 있는 비전과 자본이 만나면서 상황은 점차 변모했다. 2017년 로켓을 재활용해 우주선을 다시 쏘아 올리는 작업에 성공했다. 2020년에는 민간 기업으로는 최초로 비행사 두 명을 태운 유인 우주선 '크루 드래건'을 발사했다. 시장은 2014년 120억 달러였던 스페이스X의 기업 가치를 2022년 기준 1,250억 달러로 재평가했다.

그의 공상은 여기서 끝나지 않는다. 2013년에는 차세대 이동 장치로 하이퍼루프 프로젝트를 제안했다. 진공 튜브에서 차량을 이동시키는 형태의 운송 수단으로, 최고 속력은 시속 1,280 km에 이른다. 그가 이뤄낸 성과를 보면서 이 프로젝트를 '상상 속 공상'으로 치부할 사람이 얼마나 될까. 이런 설득력이 머스크가 사기꾼이 아닌 혁신가로 거듭날 수 있었던 이유다. 스토리 디자인을 설계도로 삼아 현실에서 차근차근 만들어가고 있는 것이다. 물론 그 과정은 순탄하지 않고 많은 오르락내리락이 있다.

불가능한 지점을 과학적 설득력으로 극복하고 투자 유치에도 성공한다. 처음에는 '밑 빠진 독에 물 붓기'처럼 무의미해 보이지만 어느새 천문학적인 수익을 기록하는 프로젝트가 된다. 이런 스토리의 매력이 더 많은 투자금을 모이게 한다.

천당과 지옥을 오간 바이오 개척자

• •

서정진 셀트리온 그룹 명예회장도 천당과 지옥을 여러 번 오가는 부침의 플롯을 그려왔다. 그는 요즘 말로 하면 '흙수저' 출신이다. 학창 시절 연탄 가게를 운영하는 아버지를 도와 연탄 배달을 해야 했으며 학비가 없어 고등학교 진학까지 미루기도 했다. 건국대학교 산업공학과를 다닐 때는 생계를 위해 택시 기사를 했지만 특유의 생활력과 정신력으로 매 학기 장학금을 놓치지 않았다. 누구보다 열심히 살아왔던 그는 주류 사회 입성을 눈앞에 두기도 했다. 한국생산성본부에서 대우자동차의 컨설팅을 담당했는데 김우중 대우그룹 회장의 눈에 들어 35세에 대우그룹 최연소 임원으로 깜짝 발탁되었다. 그러나 1997년 외환위기IMF의 높은 파도에 잠깐의 성공 스토리는 한순간 무너졌다. 대우그룹은 부도가 났고, 그는 퇴직금도 받지 못한 채 회사를 나와야 했다. 당시 그의 나이 42세였다.

그런 그가 주목한 분야는 '바이오'다. "요즘 미국에서 바이오가 뜬다더라"라는 지인의 한마디에 인생을 건 도전을 시작했다. 대우차 출신들과 의기투합해 2000년 넥솔바이오텍을 설립했다. 2001년 신생 기업으로는 보기 드물게 미국 바이오 기업 벡스젠 VaxGen이 개발하던 에이즈 백신 기술을 이전받아 2002년 셀트리온을 설립했다. 미국 캘리포니아 기반의 벡스젠과 KT&G의 투자 유치를 받으면서 사업은 탄력을 받았다. 2003년 투자금을 모아 인천 송도에 5만 리터 생산 규모의 공장 증설을 시작했다. 하지만 완공을 1년 앞둔 2004년 벡스젠의 에이즈 백신 임상 3상이 실패했다는 발표가 나왔다. 사실상 부도 위기에 처한 것이다.

그는 실패 앞에서 좌절하지 않고 새로운 파이낸셜 스토리를 쓰기 시작한다. 생산 공장을 다른 방법으로 활용해 성장 동력을 확보하려 고민했다. '사기꾼'이라는 비판에도 꿋꿋이 공장 증설을 진행하면서 빈 공장을 돌릴 일감을 찾기 위해 노력을 쏟았다. 2005년 3월 결국 공장을 완공했고 3개월 뒤 다국적 제약사 BMS와 류머티스관절염 치료제 오렌시아의 위탁 생산CMO 계약을 체결했다. CMO 사업은 안정적이지만 성장성이 제한적이다. 그는 CMO 사업을 넘어서 바이오시밀러(바이오 의약품 복제약) 사업으로 도전장을 내밀었다. 많은 블록버스터 바이오 의약품들의 특허가 곧 만료된다는 것을 눈여겨보고 낯선 시장에 진입했다.

항체 바이오시밀러 '램시마' 연구에 집중하기 위해 2009년 BMS와의 CMO 사업을 중단하는 결정을 내렸다. 연간 1,000억 원의 매출을 올리는 사업이지만 언제까지 미련을 가질 수 없다는 판단에 서였다. 이런 확실한 비전과 실행력은 투자자의 마음을 움직였다. 글로벌 금융위기로 투자금 조달이 어려웠던 2010년 5월 싱가포르 테마섹과 JP모건 등으로부터 2,080억 원을 투자받아 송도 2공장을 증설했다.

2년간 공매도 세력으로부터 험난한 공격을 받아 휘청이기도 하였지만 결국 2012년 세계 최초의 항체 바이오시밀러인 '램시마' 개발에 성공한다. 이후 셀트리온은 혈액암 치료용 바이오시밀러 '트룩시마', 유방암 치료용 바이오시밀러 '허쥬마'까지 개발하며 국내 바이오 시장을 대표하는 기업으로 성장했다. 2021년 1월에는 국산 1호 코로나19 치료제를 개발하기도 하였다. 서 명예회장은 셀트리온, 셀트리온헬스케어, 셀트리온제약 등 셀트리온 3형제를 구축하여 그룹을 시가총액 45조 원 이상의 대기업으로 그 위상을 올렸다.

자본시장에서 사기꾼과 혁신가는 '한 끗' 차이로 보일지 모른다. 그러나 혁신가는 과학에 기반한 가설과 성장 시나리오로 투자금을 지렛대 삼아 꿈을 현실로 만든다. 콜럼버스, 일론 머스크, 서정진 모두 몽상가이지만 투자자의 믿음을 이끌어내 신데렐라 스토리를 써냈다. 사람들은 이런 몽상가에게 심적·물적 지지를 보내는 법이다. 뭔가 큰일을 벌일 것 같으니까. 그리고 성공하면 막대한 수익을 주니까. 물론 온갖 역경을 경험하고 비난을 받지만, 이는 그들을 더욱 돋보이게 할 뿐이다. 스토리의 해피엔딩을 확신하는 주인공은 어지간한 고난은 버텨나간다.

 활용 전략

▶ 일정 기간 어려움을 견디고 올라올 수 있는 회복력(resilience)을 보유한 대기업이나 중견기업이
▶ 경쟁이 치열한 시장에서 나아갈 방향이 확실할 때
▶ 중·장기 목표를 달성하는 데 적합하다.

STORY

3.3장

········

천방지축들이 합심하여
우승을 만드는 플롯

"단생산사團生散死." '뭉치면 살고 흩어지면 죽는다'는 뜻으로 중국 사상가 장자의 말이다. 우리에게는 이순신 장군이 명량해전을 앞두고 병사들에게 한 연설로 잘 알려져 있다. 그러나 잘못 뭉치면 오히려 모두가 죽을 수도 있다. 오합지졸이 좌충우돌하며 온갖 실수를 저지르면 내부에서부터 무너지기 마련이다.

2019년에 히트했던 드라마 〈스토브리그〉는 팬들의 눈물마저 마르게 만든 프로야구 만년 꼴찌 팀에 야구를 전혀 모르는 단장이 새로 부임하며 팀을 다시 일으키는 내용이다. 역설적으로 야구를 잘 몰랐기에 외부인의 시선으로 과감한 트레이드와 새로운 라인업으로 변화를 시도할 수 있었다. 그러나 오해와 저항으로 개혁의 과정은 쉽지 않다. 새가슴이라 마운드만 올라가면 울렁증에 실력 발휘를 못 하는 선수, 실력만 믿고 오만방자하여 팀워크를 해치는 선수, 경기 중 실수를 남의 탓으로 돌리는 선수, 몰래 개인 잇속을 챙기는 일부 운영진 등이 다시 팀의 일원으로 자리 잡기까지 많은 어려움을 겪어야 했다. 서로를 믿지 못하고 공동의 목표에 대한 교감이 없기 때문이다. 이 드라마는 힘을 합하면 스스로도 몰랐던 시너지의 결과를 만들 수 있다는 '합심의 플롯'으로 진행된다.

은행털이나 값비싼 보석 강탈을 소재로 한 범죄 영화를 의미하는 '케이퍼 무비caper movie'도 보통은 이 플롯에 기초한다. 힘을 쓰는 근육 담당, 머리로 전체를 지휘하는 헤드, 컴퓨터를 다루는 데는 천재이지만 대인관계가 미숙한 IT 전문가, 그리고 매력적인 미녀의 구성이 통상적이다. 이들 사이에 끝까지 신뢰 관계가 깨지지 않으면 목표를 달성하고 깨지면 공멸한다.

이런 천방지축 합심의 스토리 패턴은 주로 모두가 안 될 것이라고 생각한 분야에서 힘을 모아 난이도 높은 목표를 이루려는 조직 스토리에서 쓰인다. 그런데 이 스토리의 플롯에서는 항상 결론이 원하는 바를 달성하는 것으로 귀결되지는 않는다. 때로는 실패 스토리로 끝나 가슴 아픈 원인 분석 자료로 쓰이기도 한다.

2000년대 초반 스페인 프로 축구팀 레알 마드리드는 갈락티코 1기 선수 구성을 완성한다. 갈락티코는 별들이 모여 있는 은하수를 뜻한다. 호나우두, 마이클 오언, 루이스 피구, 지네딘 지단을 주축으로 한 갈락티코 1기는 선수들의 네임 밸류로만 치면 축구 역사상 이를 능가하는 팀을 찾기 어렵다고 평가될 만큼 몸값 비싼 스타 선수들의 집합소였다. 이들이 모였다는 것만으로도 축구 팬들의 주목을 받았고 실력은 떼어놓은 당상인 듯 보였다. 하지만 이 갈락티코 1기는 투자 대비 민망한 성과를 보여준다. 많은 축구 팬은 갈락티코 1기가 실패한 원인을 레알 마드리드가 실력보다는 이름이 덜 알려진 클로드 마켈렐레를 첼시에 매각하고 맨체스터 유나이티드의 우측 미드필더였던 당대 인기 스타 데이비드 베컴을 영입한 것에서 찾는다. 하지만 이는 한 사례일 뿐, 계속하여 비슷한 일이 일어난다. 팀플레이로 무언가를 만들어가는 스토리에서 성공을 이끄는 가장 큰 원동력은 팀원 개개인의 역량보다는 (조금은 부족한 사람들이 모였다고 할지라도) 그들의 화학적 결합에 있는데, 이를 만들어내는 것이 말처럼 쉬운 일은 아니다.

일곱 빛깔 무지개도
잘못 합치면 검은색이 된다

· ·

국내에서 일찍이 유니콘 신화를 썼던 옐로모바일의 스토리를 살펴보자. 2012년 설립된 옐로모바일은 스타트업 연합군 모델을 내세운 곳이다. 다양한 분야 모바일 스타트업과 벤처기업이 힘을 모으면 시너지를 낼 수 있다는 참신한 아이디어가 큰 관심을 모았다. 이런 아이디어는 2013년 현실로 구현되기 시작했다. 창업자인 이상혁 대표는 현금이 아닌 주식 스와프 방식으로 사업 모델을 추진했다. 스와프는 계약 조건 등에 따라 서로의 주식을 교환하는 것을 말한다. 기업 가치가 높은 옐로모바일이 주식 일부를 떼어 경영권을 인수하려는 기업의 대주주와 주식을 맞교환한다. 이런 식으로 많은 스타트업을 인수해 나중에는 100개 넘는 회사가 옐로모바일 산하에 들어왔다. 인터넷 최저가 비교 서비스 '쿠차', 모바일 콘텐츠 스타트업 '피키캐스트', 모바일 광고 업체 '퓨처스트림네트웍스FSN', 헬스·뷰티케어 업체 '케어랩스', '데일리금융그룹(코인원)', '제이티넷', '여행박사' 등이 연합군의 일원이었다.

2013년만 해도 600억 원 가치였던 옐로모바일은 1년 만인 2014년 11월 1조 원 가치의 기업이 됐다. 국내에서는 2014년 5월 국내 첫 유니콘 기업이 된 쿠팡에 이어 2호 기업이 됐다. 주식 스와프 방식은 옐로모바일의 기업 가치가 높아질수록 더욱 힘을 발휘했다. 핀테크 업체들을 인수하면서 '옐로금융그룹(데일리금융그룹)'이라는 회사를 출범시켰다. 외형이 확대되자 가로수길에 사옥을 세우고 유명인을 부르는 이벤트 행사도 자주 열었다.

어느새 한국을 넘어 인도네시아, 베트남, 태국 등 동남아시아 지역 회사들을 인수하기 시작했다. 2016년에는 140여 개의 자회사를 거느렸고 평가받던 기업 가치만 4조 9,000억 원에 이르렀다. 이상혁 대표는 2016년 〈포브스〉 선정 '한국의 50대 부자'에 선정되며 성공 신화를 대내외에 알리는 데 성공한 듯 보였다.

단기간에 이런 무한 확장이 가능했던 데는 '묻지마 인수'의 공격적인 전략이 있었다. 내부 인사들에 따르면, 이상혁 대표는 미팅 자리를 3번 갖고 난 후 영업이익 4배의 가치로 과감히 인수를 진행했다. 옐로모바일에 '왜 기업을 인수하는지', '어떤 성장 전략이 있는지'는 우선적인 검토 사항이 아니었다.

'일단 뭉치자'만 외치는 전략은 결코 오래가지 못했다. 애당초 스타트업 세계에서는 소수만 살아남는다. 지속 가능한 성장이 불가능한 기업은 도태되기 마련이다. 그러나 연합에 참여하는 모든 창업자를 끌고 갈 수밖에 없는 옐로모바일은 어려워진 사업을 정리하지 못했다. 오히려 계열사와 계속 마찰을 일으키고 무리한 인수 전략을 반복해 재무구조를 심각하게 훼손시켰다. 부실 경영이 드러나자 연합은 사실상 공멸의 길로 들어선다. 2018년 주요 계열사인 데일리금융그룹을 떼어냈고 2019년에는 제이티넷을 매각했다.

끈끈하지 못한 기업들의 연합은 생각보다 빨리 무너졌다. 손실이 눈덩이처럼 불어나면서 2017년부터 회계법인으로부터 감사 의견을 받지 못했다. 여기에 국세청으로부터 고액 체납자로 지정되는 굴욕까지 겪었다.

뒤이어 코스닥 상장사인 자회사 FSN에서 2021년 경영권 분쟁이 일어났다. 창업주이자 2대 주주인 신창균 전 FSN 대표가 '옐로모바일 리스크'를 이유로 계열 분리 의사를 밝혔다. 대주주 리스크로 회사의 성장이 지체된다는 불만이었다. FSN은 광고 대행사 애드

쿠아, 수분 충전 음료 '링티'를 히트시킨 부스터즈를 보유한 모바일 광고 전문 회사다. 양측은 갈등 끝에 2대 주주 측이 신설 법인을 설립해 최대 주주에 오르면서 FSN은 2021년 6월 독립해나간다. 시장에서는 옐로모바일 리스크 해소를 긍정적으로 평가해 FSN의 주가는 2배 넘게 올랐다. 옐로모바일은 4년간 빠르게 연합군을 형성해 한때에는 5조 원에 육박하는 기업 가치를 인정받았다. 그렇게 축배의 샴페인을 들었지만 5년 만에 그 가치는 산산조각 났다. 견고한 리더십이 없는 연합은 결국 모두에게 상처만 남겼다.

리더십과 자율성의 어려운 조화, 수펙스

• •

반면 확고한 리더십이 바탕이 된 연합팀은 다른 결과를 낳았다. SK 그룹은 독특한 경영 시스템을 발전시킨 '수펙스추구협의회'를 만들어 가파른 도약을 이뤄왔다. 수펙스는 고故 최종현 SK 그룹 회장이 정립한 개념이다. 그는 체계적이고 창조적인 경영을 통해 사람과 기업이 함께 발전하는 경영 기법으로 SK 경영관리 체계SK Management System를 도입한다. 실천 방법론으로 '인간으로 도달 가능한 최상의 수준Super Excellent'을 목표 수준으로 설정하고 이를 지속적으로 추구하는 '수펙스SUPEX' 추구법이 나왔다.

SK는 2012년 SK 그룹 컨트롤 타워인 SK수펙스추구협의회(수추협)를 200여 명 규모로 출범했다. 최 회장과 오너 일가는 수추협 활동에 직접 관여하지 않는다고 전해진다. 주요 계열사들이 체결한 '협약'에 기반한 최고 '협의' 기구를 표방한다. 수추협의 여러 위원회 중 핵심인 전략위원회는 인수합병M&A을 총괄하는 역할이다. 투자은행 업계 출신 포함 관련 실무진들이 국내외 주요 투자를 진행한다. M&A 전략을 보다 체계적으로 수립하겠다는 의지다. 또 최고경영진의 판단보다는 각계 전문가들의 의견을 중시하는 것을 운영 원칙으로 한다. 그룹이 나아가야 할 큰 방향을 제시하면 수펙스 구성원들이 그에 맞추어 프로젝트를 진행한다.

2000년대 정유와 통신 시장을 평정한 SK는 성장 동력에 한계를 느꼈다. 내수 시장에 기반한 사업 포트폴리오로는 글로벌 기업으로 나아가는 데 어려움이 있었다. 이런 상황에서 2011년 적자에 허덕이던 하이닉스반도체(현 SK하이닉스)를 3조 4,000억 원에 인수하는 쉽지 않은 결정을 내린다. 내부에서 반대 목소리가 높았지만 그룹의 체질 개선에 필요하다고 판단해 진행을 강행한다. 현재 SK그룹 영업이익의 상당 부분을 SK하이닉스가 만들어내고 있다.

그러나 4차 산업혁명이 빠르게 다가오고 산업별 전문성이 고도화되자 M&A 추진을 신라 시대 화백회의 같은 집단 의사결정 체제로 변모시켰다. 이런 전략 변화는 2015년부터 빛을 발하기 시작한다. SK그룹은 2015년 11월 SK㈜의 OCI머티리얼즈(현 SK머티리얼즈)를 시작으로 SK네트웍스의 동양매직(SK매직), SK㈜의 LG실트론

(SK실트론) 인수 등에 성공했다. 최 회장의 경영 공백 기간 중 포기했던 ADT캡스(SK쉴더스) 또한 2018년 10월에 결국 인수했고, SKC는 1조 2,000억 원에 달하는 KCFT(SK넥실리스) 인수도 마쳤다. 중국 동박 제조사 왓슨에 3,700억 원을 투자했다. 그룹 포트폴리오를 다각화하면서 미래 산업인 2차전지 분야를 확고히 했다.

투자나 인수를 통한 미래 신성장 동력 확보는 바이오 분야에서도 나타났다. SK바이오팜은 2017년 BMS(브리스톨마이어스스큅)의 아일랜드 생산 시설을 1,800억 원에 인수했다. 아일랜드 제약 산업에 진출한 한국 기업 1호다. 이듬해에는 미국 바이오·제약 업체 암팩AMPAC을 5,100억 원에 사들였다. 당시 국내 바이오·제약 업계의 해외 제약 회사 인수합병 규모로는 사상 최대 규모다. 바이오의 미래라 평가받는 원료 의약품 위탁 개발 생산 기업CDMO에도 적극적으로 투자했다. 2021년 프랑스 세포·유전자 치료제 CDMO 이포스케시를 인수했으며 2022년 1월에는 미국 세포·유전자 치료제 CDMO인 CBM에 3억 5,000만 달러를 투자했다. SK는 CDMO 통합 법인 SK팜테코를 설립해 미국 나스닥 상장을 준비하고 있다. 반도체, 2차전지, 바이오·제약 등 미래 산업을 적극적으로 가져오면서 성장을 위한 발판을 마련했다.

대기업 중에 이렇게 활발한 M&A를 진행한 경우는 드물다. 이런 전략은 수펙스에 자율적 권한을 대폭 위임한 결과물이다. 수펙스는 파트마다 관심 있는 매물 리스트를 수립한다. 그리고 사모펀드

PEF나 투자은행 자문사들이 그에 포함된 업체를 소개하면 곧바로 투자 검토를 진행한다. 분야별 성장 전략과 M&A가 속도감 있게 진행될 수 있었던 이유이다.

'묻지마 투자'가 아닌 전략적 투자를 이룬 SK는 포트폴리오 교체도 순조롭게 수행했다. SK해운, SK증권, SK엔카 등 비주력 계열사를 잇달아 매각했다. ESG 차원에서 진행한 탄소 다이어트 프로젝트도 발 빠르게 진행했다. 도시가스, 액화천연가스LNG 등 에너지 사업을 펼치는 SK E&S는 2조 4,000억 원의 외부 투자금을 유치했다.

2010년 이후 가장 큰 성장과 미래 산업 선점을 한 대기업을 꼽자면 단연 SK그룹이 거론된다. 수펙스라는 감독을 중심으로 자회사들의 창의적인 M&A 전략이 성공의 비결로 꼽힌다. 그리고 2022년 재계 상위 5개 대기업의 자산 총액 순위가 12년 만에 바뀌었다. 2006년부터 줄곧 3위를 지켰던 SK가 현대자동차를 제치고 사상처럼 2위에 올라선 것이다. 최태원 회장의 마법은 수펙스라는 무형의 시스템을 도입하여 그룹의 조직력을 극대화한 데 있다.

 활용 전략

▶ 개인이나 팀 역할이 중요한 조직에서
▶ 시간이 정해진 한시적인 프로젝트 성격의 업무를 진행할 때
▶ 성공을 위해서는 주인공의 갈등 조정 능력이 필수적이다.

3.4장

· · · · · · · ·

갈등과 협업으로 완성되는
버디물 플롯

흔히 '버디물'이라고 불리는 버디 무비에서 버디buddy는 형제나 친구, 동료를 뜻하는 영어 단어이다. 버디 무비는 남자 배우 두 사람이 콤비로 출연하는 영화를 의미한다. 1960년대와 1970년대 초에 등장한 〈한밤중의 카우보이〉, 〈내일을 향해 쏴라〉나 〈스팅〉 등의 영화가 흥행에 크게 성공하면서 이 표현을 자주 사용하게 되었다. 영화에서 두 주인공은 때로는 갈등하고 협조하며 목표한 바를 이루는 데 중요한 역할을 수행한다. 상황에 따라 경쟁자에서 협력자로, 적에서 친구로 변한다. 정우성과 이정재의 〈헌트〉, 로버트 드니로와 알 파치노의 〈히트〉와 같이 양쪽의 매력이 균형을 이루어야 보는 이들이 집중할 수 있다.

비즈니스 스토리에서도 버디물 플롯은 두 주인공이 서로 상보 관계나 대척 관계를 이루면서 갈등이 증폭된다. 하지만 그 과정에서 전체 시장의 파이는 커진다. 그리고 갈등과 조정이 반복되며 주인공 모두가 성장하는 모습으로 플롯이 진행된다.

축구를 보고 즐기는 스포츠가 아닌 산업적인 관점에서 살펴보자. 축구 경제학의 핵심은 구단이 얼마나 많은 수익을 창출하느냐이다. 메시, 네이마르와 같은 스타 플레이어를 천문학적인 돈을 주고 영입하더라도 구단 운영이 유지될 수 있어야 한다. 축구 구단은 입장권 판매, TV 중계 수수료, 유니폼이나 기념품 판매 등이 주 수입원이다. 유럽 리그의 바르셀로나, 맨체스터 시티, 맨체스터 유나이티드, 생제르맹은 대표적으로 재정 구조가 탄탄한 구단이다. 단순히 구단주가 화수분처럼 돈을 쏟아붓는 것이 아닌 자체적인 수익 창출 메커니즘을 갖추고 있기 때문이다.

이들이 공통적으로 공략하는 포인트가 팬들의 심리를 통한 귀속감이다. 스포츠 시장에서 소비자를 팬으로 전환시키면 많은 소비를 끌어낼 수 있다. 광고주들도 소비자의 팬덤 현상을 눈여겨보고 이를 위해 마케팅 비용을 지출한다. 이런 팬덤은 '더비derby'라는 장치를 통해 공고화된다. 스포츠에서 더비란 같은 연고지를 두고 있는 두 팀의 대결을 의미하지만, 광의의 의미에서는 라이벌 구단 간의 경쟁을 뜻한다. 맨체스터 지역을 연고지로 둔 맨체스터 시티와 맨체스터 유나이티드 경기는 매번 화제를 불러온다. 더비 경기에서 열정적인 응원전을 치르고 나면 팬심은 더욱 결속력이 높아진다. 레알 마드리드와 바르셀로나의 '엘 클라시코' 더비는 세계적으로 유명하다. 엘 클라시코는 고대 전투라는 뜻으로 스페인뿐 아니라 세계적으로 큰 사랑을 받으며 높은 시청률을 보장한다. 바르셀로나 연고지인 카탈루냐 지방의 독립 이슈와 맞물리면서 양 팀의 경기는 지역 정치를 대표하는 대리전 성격까지 띤다.

확고한 팬심은 경제학 용어로 말하자면 대체재를 없애는 효과를 발휘한다. 소비자가 자신이 구입한 정수기가 마음에 들지 않는다면 다음 구매에서는 다른 회사의 정수기를 구매할 것이다. 그러나 한 번 바르셀로나 팬이 되면 쉽게 응원팀을 바꾸지 않는다. 2021년 유럽 축구 챔피언스리그 조별 경기에서 바르셀로나는 21년 만에 탈락하는 최악의 성적표를 받았다. 그래도 등을 돌린 팬은 많지 않다. 오히려 화려한 부활을 기원하며 다음 엘 클라시코 경기를 손꼽아 기다린다. 경쟁의 스토리를 통해 더 견고하고 확장된 판을 만드는 것이다.

비행기를 발명한 라이트 형제, DNA 이중 나선 구조를 처음 제안하며 노벨상을 받은 과학자 크릭과 왓슨, 그리고 비틀스의 존 레넌과 폴 매카트니, 이들은 브로맨스가 끈끈한 파트너가 아니었다. 오히려 대립과 갈등으로 헤어지기 일보 직전까지 여러 번 갔었다. 하지만 현명하게 둘 사이의 의견 차이를 더 나은 결과물로 빚어냈다.

인터넷 플랫폼의 듀오폴리

· ·

두 라이벌끼리의 시장 쟁탈전은 비즈니스에서도 자주 목격된다. 시장을 선도하는 두 기업이 '더비' 스토리를 만들면 소비자의 관심이 두 기업으로 집중된다. 다른 후발주자가 끼어들려 해도 공고하게 형성된 소비자의 팬심이 시장 진입을 가로막는다. 팬심이 두터운 경우 두 기업이 전체 시장을 석권하는 듀오폴리duopoly가 형성된다. 국내에서 인터넷 플랫폼 산업의 거두라 불리는 김범수와 이해진의 대결도 이에 해당한다.

네이버와 카카오의 싸움은 이해진 글로벌투자책임자GIO와 김범수 미래이니셔티브센터장 사이의 인물 간 라이벌 전쟁이기도 하다. 두 사람은 서울대 86학번 동기다. 창업 시기도 비슷하다. 김범수 센터장은 1998년 게임 업체 한게임을 설립했고 이해진 GIO는 이듬해 포털 업체 네이버를 창업했다. 밀레니엄 시절로 떠들썩했던 2000년에는 네이버와 한게임이 합병하면서 둘은 잠시 동반자의 길을 가기도 했다. 이 시기 이 GIO가 주도권을 쥐고 네이버를 국내 1위의 인터넷 업체로 키우며 양적·질적 도약의 시기를 걸었다. 김 센터장은 2008년 네이버를 떠나 새로운 길을 개척하기로 한다. 몇 번의 신규 사업 실패 후 모바일 메신저 카카오톡을 출시해 우뚝 올라섰다. 무료 문자 서비스로 어떻게 돈을 벌 것이냐는 시장의 물음표에 확고한 플랫폼 비즈니스 구축으로 답한다. 이후 M&A 시장에도 적극 뛰어든다. 2014년 2위 인터넷 포털 다음을 합병하며 네이버와 진검 승부를 펼친다. 네이버 역시 일본 시장에서 메신저 라인을 2011년 6월 출시하며 해외를 중심으로 영역을 넓혀나갔다.

인터넷 플랫폼 업체의 수장이 된 두 사람은 다양한 서비스 영역에서 물고 물리는 싸움을 벌였다. 게임 분야에서는 카카오가 모바일 게임을 먼저 출시하며 한발 앞서나갔다. 2012년 애니팡 등 모바일 게임 10개로 카카오게임 플랫폼을 선보인 뒤 국내시장을 선점했다. 카카오게임즈를 2020년 상장IPO시키고 넵튠, '오딘' 개발사 라이온하트 등을 인수하며 몸집을 키웠다. 네이버는 밴드게임, 라인게임 등으로 맞섰지만 열위를 극복하지는 못했다. 반면 뉴스 서비스와 검색엔진 시장에서는 네이버가 압도적인 격차로 앞서나갔다. 2020년 네이버의 국내 검색엔진 점유율은 57.6%로 다음(6.5%)을 크게 앞질렀다.

카카오는 검색 시장에서 밀리자 모빌리티, 엔터테인먼트, 인터넷은행 등 신사업 육성에 적극 뛰어들면서 사업 다각화에서 기민한 행보를 보였다. 카카오뱅크, 카카오페이는 수십조 원의 가치로 IPO에 성공하면서 김범수 의장은 한때 이재용 삼성전자 부회장을 제치고 한국 재산 1위에 오르기도 했다.

두 기업은 미래 먹거리로 불리는 콘텐츠 시장에서도 '맞짱'을 뜬다. 네이버는 웹툰, 웹소설 같은 콘텐츠 확보를 위해 지식재산권을 쓸어 모으고 있다. 웹소설 플랫폼 문피아를 비롯해 세계 최대 웹소설 사이트 왓패드를 인수하며 역량을 확보했다. 네이버웹툰의 북미 플랫폼 '웹툰' 월간 이용자는 1,400만 명으로 애플TV보다 많은 이용자층을 확보하고 있다. 카카오도 북미 웹툰 플랫폼 타파스와 웹소설 플랫폼 래디쉬, 북미 남성향 웹소설 플랫폼 우시아월드 등을 인수하며 스토리 쟁탈전에서 밀리지 않는 행보를 보이고 있다.

콘텐츠 확보 경쟁은 두 기업을 미래 경쟁력을 확보하는 데 있어 길을 만들어주고 있다. 한류의 붐이 드라마를 넘어 음악, 영화, 게임 등으로 확장되고 있는 상황에서 웹툰·웹소설을 기반으로 한 작품들이 그 주춧돌 역할을 해주고 있다.

이처럼 동지에서 경쟁자로 바뀐 두 사람의 경쟁은 다양한 화젯거리를 만들며 사람들 사이에서 회자되고 있다. 네이버와 카카오의 충성 고객들도 갈린다는 평가다. 가령 카카오지도와 네이버지도를, 카카오쇼핑과 네이버쇼핑을 쓰는 사람들이 나뉘어 있다. 하지만 경쟁이 다툼만을 의미하지 않는다. 시장 규모를 키우고 장악력을 높이는 페이스메이커 역할도 동시에 수행한다.

활용 전략

▶ 주인공의 능력과 매력도가 높고
▶ 잘 파악하고 있는 경쟁자가 있을 때
▶ 잠재적 확장성이 높은 시장을 놓고 경쟁과 협조를 통해 성장한다.

3.5장
·······
험난한 여정에서
보물찾기 플롯

사람들은 흔히 인생을 여행에 비유한다. 목표한 곳을 향해 길을 나서는 것이 유사해서일 터이다. 이러한 인생의 여정에서 보물이나 해답을 찾는 플롯 또한 자주 목격된다. 영웅의 모험 이야기를 다룬 영화에서 흔히 볼 수 있는데, 〈반지의 제왕〉 시리즈나 고대 그리스 문학작품인 《오디세이》에서 그 원형을 확인할 수 있다. 절대반지를 깊은 골짜기까지 운반하고 전쟁이 끝난 후 집으로 돌아오는 귀향의 노래만으로도 여러 권의 책을 채운다. 여행 과정은 쉽지 않으며 예상치 못한 모험과 도전으로 가득 차 있다. 이러한 플롯은 동양보다는 서양에서 더 많이 사랑받는 것도 하나의 특징이다. 정적인 것보다 동적인 것을 선호하는 문화의 영향일 것이다.

최근 몇 년 극장가에서는 슈퍼 히어로들이 눈부신 활약을 펼쳤다. 영화가 그려내는 현대의 영웅들은 가공할 만한 초능력이나 최첨단 기술로 무장하고 있지만 줄거리는 대동소이하다. 주인공은 유년기 힘든 시련을 겪으며 자신이 남과는 다른 능력을 가지고 있다는 것을 알게 된다. 그 능력은 그에게 인류를 구원해야 하는 소명을 안겨준다. 망설이는 주인공에게 누군가 나타나 계시를 알려주고 동지들의 도움을 받으며 거대한 악에 맞서 앞으로 나아간다. 헤쳐나가면서 미지의 답을 찾아야 하지만 그 실체 여부 또한 확실치 않아 불안하다. 그리스 신화나 서양의 민담, 할리우드 영화에 이르기까지 영웅담은 대부분 이 스토리의 틀에서 크게 벗어나지 않는다. 대표적인 할리우드 영화 시리즈로는 마블과 DC가 있다. 스파이더맨, 슈퍼맨, 배트맨, 아이언맨, 캡틴 아메리카, 블랙 위도우 등 수많은 친숙한 이름의 영웅들이 해결책을 찾아 여행을 떠난다.

이와 같은 영웅 신화가 대중에게 계속 관심을 받는 이유는 무엇일까? 그것은 영웅 신화 속에는 인류의 공통적인 열망이 내재해 있기 때문이다. 신화는 인간 내면의 본질적 심상이고 상상력의 산물로, 인간이 지닌 잠재력에 이르려는 욕구를 반영한다. 또 무의식적인 생각과 지향하는 바를 선명한 그림으로 보여준다. 오래된 신화나 전설, 문학 또는 제도화된 종교 등 사람을 지켜주고 이 세상에 사람이 존재하는 이유를 일깨워줄 수 있는 것이라면 그것이 바로 신화가 된다.

이처럼 어려운 여정 속에서 수수께끼 같은 답을 찾아가는 스토리는 듣는 이를 여행에 동참시킬 수 있다는 장점을 가지고 있다.

불확실성을 특징으로 하는 비즈니스에서도 미지의 답을 찾아가는 플롯은 여러 기업이 사용하고 있다.

게임 유저 확보를 위한 험난한 여정

• •

2021년 넥슨의 게임 〈메이플 스토리〉가 확률 조작 논란에 휩싸였다. 당시 〈메이플 스토리〉의 많은 유저는 정든 '친정'을 버리고 스마일게이트 RPG가 새로 개발한 쿼터뷰 액션 MMORPG 게임 〈로스트아크〉로 옮겨갔다. 〈로스트아크〉는 2D 게임인 〈메이플 스토리〉와 어떤 면에서 유사한 점이 있었다. 직업군별로 전직이 가능할 뿐만 아니라 레이드, 채집, 생활 등 다양한 콘텐츠를 가지고 있다는 점에서 넥슨의 게임 〈마비노기〉처럼 소소한 일상의 요소를 재미로 느끼게 해주었다. PC방 점유율도 높은 데다, 오랜 역사를 가진 게임에서 2019년 12월에 갓 오픈한 신생 게임 〈로스트아크〉로 유저들이 대거 옮겨간 이유는 무엇일까?

〈메이플 스토리〉는 확률 조작 논란 이후 유저와 진심으로 소통한다며 간담회를 몇 차례 열었으나, 강원기 디렉터를 비롯한 운영진은 그들의 성난 마음을 달래는 데 실패한다. 논란이 된 부분에 대해 속 시원히 답한 것도 없었다. 일방적인 소통에서 게임 유저들은 자신이 오랫동안 즐기고 사랑해온 게임에게서 '팽' 당한 기분을 느꼈다. 강원기 디렉터를 놀리는 유저들의 밈까지 여럿 만들어졌다. 반면 〈로스트아크〉의 게임 디렉터 금강선은 이때를 계기로 강력한 지지세를 얻게 된다.

〈로스트아크〉의 금강선 디렉터는 무엇이 달랐을까? 그 과정이 순탄하지는 않았다. 〈로스트아크〉는 2014년 11월 12일 최초 공개되었으나, 오픈 베타 테스트가 진행된 건 2018년 11월 7일이 되어서다. 오픈 베타 테스트가 제공되기까지 무려 4년이라는 시간이 걸렸다. 게임이 만들어지는 과정은 지난하다. 한 가지 버그를 잡으려 하면 또 다른 버그가 연이어 발생하기도 한다. 또 쿼터뷰 MMORPG 게임은 다른 게임보다 제작 비용이 더 많이 필요하다.

그뿐만 아니라 〈로스트아크〉는 3차 클로즈 베타까지 어렵게 마쳤지만, 이 기간을 기다리다 지쳐 떠나가는 유저도 적지 않았다. 많은 사람이 〈로스트아크〉의 퀄리티에 기대를 했고, 〈리지니 이터널〉이나 〈뮤 레전드〉를 넘어설 것으로 예측했다. 앞선 두 게임을 넘어설 수 있을지에 대한 기대치가 부담으로 작용한 것이다. 또 시장의 기대 수요가 달라졌다. 이전까지는 MMORPG에 대한 기대치가 높았지만, 당시 PC 온라인 게임에서는 〈리그 오브 레전드〉나 〈배틀그라운드〉가 절반 이상의 점유율을 차지하고 있어 MMORPG 게임이 가시적인 성과를 내기란 현실적으로 어려워 보였다.

하지만 많은 시행착오를 겪고 게임이 세상에 나온 후 금강선 디렉터는 유저들에게 '빛강선' '강선이형' '낭만군단장' 등으로 불리게 된다. 2016년부터 프로젝트 총괄 디렉터로 일한 금강선은 유저들과 적극적인 대화를 해나갔고, 게임에 문제가 있다면 즉각 해결하지는 못하더라도 어떤 방식으로든 답을 찾고자 노력했다. 유저를 대하는 태도에 있어서 진심이었던 것이다. 항상 옆에 있었고 감추기보다는 솔직했다.

개발자로서의 그의 가장 큰 특징은 자신이 운영해온 패치 방향이 의도대로 맞물리지 않거나 잘못된 결과를 가져왔다면 빠르게 소통하고 인정한다는 것. 그런 정직함이 유저들에게 매력으로 꼽혔다. 게임이 오픈되기까지의 여정도 험난했지만, 그 과정에서 굳게 버티며 유저들과 소통한 금강선 디렉터 등 운영진의 노력으로 〈로스트아크〉는 '2021 인포그래픽'을 통해 '시즌 1 대비 일일 유저 수 6.12배, 최대 동시 접속 6.61배, 신규 유저 7.13배, 복귀 유저 2.68배'라는 성과를 발표할 수 있었다.

즐기니까 끝까지 간다, 덕업일치

••

기존에 없던 새로운 비즈니스 모델을 구축하려는 선구적인 창업가는 험난한 여정을 거쳐 가야 한다. 골프를 사랑한 나머지 안정된 직장인 삼일회계법인을 떠나 창업까지 결심한 이가 있다. 바로

'덕질'과 직업이 일치하는, 이른바 '덕업일치德業一致'를 이룬 스마트스코어 정성훈 대표 이야기다. 그는 20대에 일찍 골프를 시작하면서 진심으로 골프에 반했다. 2014년 직장 후배인 박노성 스마트스코어 부대표와 함께 골프 관련 산업에 뛰어들기로 결심했다. 이들은 종이로 된 기존의 스코어 카드를 스마트폰에서 디지털 방식으로 받아볼 수 있는 애플리케이션을 개발했다. 이미 많은 비즈니스가 플랫폼화를 진행하고 있었지만 스마트스코어는 한동안 '방문판매업자' 취급에서 벗어나지 못했다. 비누나 세제 등 소비재를 파는 잡상인 취급을 받았다. 회계법인에서 엘리트 생활을 해온 이들에게 발로 뛰는 골프장 영업은 그야말로 치욕을 견뎌내야 하는 가시밭길이었다. 스코어가 디지털로 기록되려면 골프장 안의 상황을 실시간으로 모니터링할 수 있는 관제 시스템이 설치돼야 한다. 하지만 아직 IT 솔루션만 가지고 있는 기업에 과감하게 관제 시스템 설치까지 맡길 골프장은 그리 많지 않았다. 잡상인 취급을 받았지만 기술력을 믿고 꾸준히 골프장 문을 두드렸다.

성장 서사를 갖추는 데는 예상했던 것보다 더 많은 시간이 필요했다. 시기적으로도 좋지 않았다. 창업 당시 골프 산업은 극심한 구조조정 시기를 맞이하고 있었다. 깡통 골프장이 전국에서 속출하며 법정관리를 신청한 곳이 20곳을 넘어섰다. 비극의 씨앗은 무분별한 골프장 투자에서 비롯됐다. 골프장이 2003년부터 2006년까지 초호황기를 누리자 사업자들이 인허가를 받고 전국 곳곳에 신규 골프장을 짓기 시작했다. 골프장 사업자의 상당수가 골프장 부지를 살 계약금만 갖고 사업 허가를 받은 뒤 금융권에 땅을 담보로 돈을 빌려 공사를 시작했다. 공사 진척도가 30%만 넘으면 회원권 분양을 통해 공사비를 충당하는 경우도 많았다.

그러다 2008년 미국발發 금융위기가 발생하며 회원권 분양 시장이 급격히 얼어붙었다. 금융기관들도 보수적 운용으로 선회하자 자금 마련이 어려워진 사업장들이 급격히 늘어났다. 여기에 골프장이 너무 늘어나 경쟁 격화로 수익성이 급감했다. 입지가 좋다는 수도권에서만 신라CC, 가산노블리제, 캐슬파인, 클럽Q안성, 파인크리크, 웨스트파인, 파인리조트 등이 법정관리행을 피하지 못했다.

골프장 사업에서 큰 손해를 본 금융기관과 투자자들은 한동안 골프 관련업에 대한 투자를 금기시했다. 이런 상황에서 스마트스코어는 투자금 유치에 큰 어려움을 겪었다. 골프장과 투자자 모두 그들을 반기지 않았지만 이들은 플랫폼 구축에 해답이 있다고 판단했다. 골프장 한 곳씩 정성을 다해 설득하고 서비스 경쟁력을 눈으로 보여주자 시장의 시선은 점차 바뀌기 시작했다. 골프인들이 스코어 관리가 편리한 스마트스코어 앱을 다수 사용하면서 전국 플랫폼 구축에 속도가 붙었다. 전국 470여 곳의 골프장 중 300곳 이상에서 스마트스코어 서비스를 이용할 수 있을 만큼 대중화에 성공했다.

코로나19 확산으로 골프 산업이 '황금알을 낳는 거위'라는 인식이 생기면서 기업 가치도 급격히 상승했다. 2021년 4월 현대차를 비롯해 NH투자증권, 산업은행 등이 2,500억 원의 기업 가치를 인정해주며 500억 원의 투자금을 유치했다. 2022년에는 국내 사모펀드PEF 운용사 VIG파트너스로부터 1,800억 원의 실탄을 공급받았다. 투자 유치 이후 스마트스코어의 기업 가치는 9,000억 원으로 껑충 뛰었다. 험난한 여정을 이겨내고 골프 플랫폼 선도 기업이라는 그들만의 답을 찾은 것이 투자자의 마음을 움직였다. 2022년에는 프리미엄 골프용품 업체 마제스티골프를 인수하고 새로운 베트남 시장에 진출하는 등 한층 고도화된 파이낸셜 스토리를 써나가고 있다.

 활용 전략

▶ 명확한 목표를 갖고 있고 장기전을 준비하는 조직에서
▶ 지난한 시간을 기다려야 하는 만큼 즐기는 일을 추진하는 데 적합하다.

STORY

3.6장
· · · · · · · ·
거대 세력과의 싸움,
언더독에 대한 응원 플롯

FINANCIAL STORY DESIGN

'언더독 효과'란 사람들이 약자라고 믿는 주체를 응원하게 되는 심리적 애착 상태를 말한다. 이때 질 것으로 예상되는 주체를 언더독under-dog, 이길 것으로 예상되는 주체를 톱독top-dog이라고 한다. 언더독의 승리가 사람들이 갖고 있던 예상을 벗어날수록 더욱 더 극적으로 다가온다. 할리우드에서는 '업셋upset 스토리'라고 부르기도 한다.

영화 〈내부자들〉은 톱독과 언더독, 골리앗과 다윗이 싸우는 대표적인 영화이다. 유력한 대통령 후보와 재벌 회장, 그들의 더러운 일을 대신 해주는 깡패 안상구와 대한민국 여론을 움직이며 전체 판을 설계하는 논설주간 이강희가 톱독 연합체를 구성한다. 인생 점프를 원하는 안상구는 이들의 치부가 담긴 비자금 파일로 거래를 하려다 오히려 이 일로 한쪽 팔이 잘린 채 버려진다. "넌 복수를 원하고, 난 정의를 원한다. 그럼 좋잖아?" '빽'과 '족보'가 없어 늘 승진에서 물먹는 검사 우장훈은 마침내 대선을 앞두고 대대적인 비자금 수사의 저격수가 되는 기회를 잡는다. 그러나 톱독들의 강력한 견제로 수사는 중단되고 우장훈은 책임을 떠안고 좌천된다. 언더독의 시련이다. 자신을 폐인으로 만든 일당에게 복수를 계획하는 깡패 안상구가 가지고 있는 비자금 파일과 이를 이용해 정의를 세우려는 검사 우장훈, 그리고 비자금 스캔들을 덮어야 하는 대통령 후보와 재벌, 막강한 파워의 언론인 이강희 중 당신은 어느 편을 응원하는가.

방영 후 시간이 지났어도 열혈 팬을 확보하고 있는 웰메이드 드라마 〈비밀의 숲〉도 이야기 구조가 비슷하다. 감정을 느끼지 못하는 외톨이 검사 황시목이 정의롭고 따뜻한 형사 한여진과 함께 검찰 스폰서 살인 사건과 그 이면에 숨겨진 진실을 파헤치는, 조직 내부를 향한 비밀 추적극이다. 정의로운 약자가 의롭지 못한 강자를 꺾으려는 힘겨운 싸움에 대중은 심정적 지지를 보내며 응원한다. 우장훈과 황시목 모두 배우 조승우가 연기했다는 공통점이 있다. 영화 기획 단계에서 너무 잘생기지도, 우람한 체격도 아닌 그가 언더독 역할에 적합하다고 생각했을 것이다. 비즈니스 세계에서는 생각을 바꾸어 언더독을 스스로 자처하면서 판 자체를 흔들 수 있다.

유통 공룡을 꺾어라

• •

유통은 '규모의 경제'가 작동하는 산업이다. 대형 물류 창고와 전국 각지에 오프라인 부동산이 있어야 경쟁력을 갖출 수 있다. 오랜 기간 롯데, 신세계, 현대백화점 등 유통 공룡들이 이 시장을 장악한 이유다. IT 혁명이 도래한 21세기 초에는 옥션, G마켓, 이베이코리아 등 인터넷 상거래가 주목을 받았다. 그러나 여전히 조연일 뿐이었다. 유통 메커니즘은 여전히 거대공룡들이 쥐고 있으며 국민의 소비 패턴 역시 쉽게 바뀌지 않았다.

그 틈에 균열을 낸 기업이 쿠팡이다. 김범석 쿠팡 대표는 언더독 정서를 가진 이단아다. 2010년 하버드 비즈니스 스쿨을 중퇴하고 한국으로 돌아와 야심차게 쿠팡을 창업했다. 그러나 상황은 녹록지 않았다. 티몬, 위메프를 비롯해 500개가 넘는 온라인 커머스 업체들이 난립했다. 그는 유통의 기본에 대해 통찰하고 모든 일을 전략적 시각에서 접근했다. 2011년 업계 최초로 연중무휴 콜센터를 열어 고객 응대에 최선을 다했다. 거대 유통 자본에 맞서기 위해서는 게임 체인저가 되어 판을 흔들 필요가 있다고 봤다.

충성 고객을 모으고 쇼핑 거래 규모를 2010년 60억 원에서 2014년 2조 원까지 높이는 데 총력을 다했다. 성장 가능성이 엿보이자 벤처캐피털에서 모험 자본을 통해 투자하겠다는 요청이 쇄도했다. 자본이 쌓이자 승부수를 던졌다. 전국 단위의 물류센터를 구축하고 배송 전담 직원인 '쿠팡맨'을 채용해 자체 배송하는 로켓배송을 시작했다. 천문학적인 적자가 예상됐지만 이마저도 계획된 적자라는 도발적인 전략으로 접근했다. 언더독과 다윗을 표방하는 혁신 전략의 스토리가 명확해지자 손정의 회장의 소프트뱅크가 투자를 결정했다.

소비자들도 유통 권력이 짜놓은 소비 문법을 뒤흔드는 도발적인 기업의 등장을 환영했다. '의도된 적자'로 무한 성장을 꾀하는 쿠팡식 사업 모델은 그동안 주어진 선택지 안에서만 소비해야 했던 고객들에게 큰 호응을 얻었다. 지문 인식을 통해 간편 결제가 가능한 쿠페이(2015년), 월정액으로 로켓배송을 이용할 수 있는 로켓와우(2018년), 신선 식품을 새벽에 배송하는 로켓프레시(2018년)를 연이어 선보였다. 2021년에는 근거리를 대상으로 생필품을 배달하는 쿠팡이츠마트를 출시했다. 다윗이 던진 돌멩이가 골리앗을 직격하자 소비자들은 '소비'로 화답했다. 어쩌면 이런 혁신 기업의 등장을 기다리고 있었는지도 모른다.

성공의 한 측면에서 언더독에 대한 응원 심리도 한몫했다. 신세계 그룹의 'SSG(쓱)닷컴'과 롯데의 '롯데ON'은 막대한 투자에도 아직 주도권을 가져오지 못하고 있다. 같은 값이면 혁신을 표방하는 후발주자 기업을 지지하는 마음이 영향을 끼쳤다는 분석이다.

《다윗과 골리앗》의 저자 말콤 글래드웰은 우리가 강점과 약점에 대해 오해할 때가 많다고 설명한다. "약자라는 입장은 종종 문을 열어 기회를 만들어주고, 약자가 아니었다면 상상도 하지 못했을 것들을 가르치고 깨닫게 해주며 가능하게 해줄 수 있다." 약점은 전에 없던 혁신적인 방식을 어떻게든 찾게 해준다. 그래서 종종 '작은 거인'이 게임 체인저로 등극하는 것이다.

때로는 응원 못 받는 언더독

· ·

그렇다고 모든 신생 기업이 '언더독 정서'의 수혜를 받는 것은 아니다. 일반인의 정서를 건드리는 금기는 피해야 한다. 이에 잘못 도전하는 성장 스토리는 자칫 몰락을 가져올 수 있다. 한때 혁신의 아이콘으로 불린 모빌리티 기업 '타다' 이야기다.

모빌리티 기업 쏘카는 2018년 렌터카 기반 차량 호출 서비스 타다를 운영하는 VCNC를 인수했다. 국내 운송업이 택시, 지하철, 버스로 나뉜 것을 넘어서 렌터카 기반 운송 서비스를 출시하며 새로운 사업 영역을 개척했다. 2018년 10월 출범한 타다는 승객이 애플리케이션으로 차를 호출하면 11인승 승합차를 보내주었다. 쾌적하고 넓은 차량과 승차 거부 없는 시스템으로 호평을 받으며 인기를 얻었다. 300대로 출발한 타다는 차량을 순식간에 1,500대까지 늘렸다.

잘 알려지지 않았지만 이 모델은 당초 카카오모빌리티가 검토한 사업 계획 중 하나였다. 카풀(승차 공유)과 렌터카를 활용한 방안 중 전자가 사업안으로 먼저 채택됐다. 카카오모빌리티는 2018년 초 국내 카풀 업체인 럭시를 252억 원에 인수하며 사업에 뛰어들었다. 이때 택시 업계는 골목 상권 침해라는 명분으로 강력히 반발했다. 허가 없이도 운행이 가능한 사업 모델이 힘을 얻으면, 택시 면허를 구입하거나 기사를 고용해야 하는 택시 업계는 경쟁력이 없어진다는 호소였다. 여야 정치권까지 이 사안에 뛰어들면서 논란은 확대재생산되었다. 카카오모빌리티가 결국 카풀 사업 철회를 선언하고서야 논란은 종식됐다.

그런데 같은 해 타다는 '혁신 기업'이라는 타이틀을 강조하며 모빌리티 시장에 뛰어들었다. 택시가 해결하지 못했던 승차 거부를 단번에 개선하면서 타다의 인기는 나날이 높아졌다. 타다를 한 번 이상 운행해본 기사의 수는 1만 2,000여 명이며 하루 운전자 수는 3,000~4,000명 수준이었다. 하지만 카풀 서비스와는 달리 순항할 것만 같았던 타다 역시 택시 업계의 강한 반발에 부딪히면서 위기에 직면했다. 정치권에서 '타다 금지법'을 추진하면서 사업 자체가 불법화될 가능성이 높아진 것이다. 일부에서는 혁신을 막는다며 각을 세웠지만 여론은 타다에 불리하게 조성되어갔다. 2019년에는 글로벌 투자자에게 6,000억 원에 달하는 대규모 투자를 받으려고 했지만, 검찰 기소와 타다 금지법 발의로 계약 직전에 무산됐다. 2020년 초 타다 금지법이 국회 본회의를 통과하면서 170만 명 이용자로부터 높은 호응을 받은 지 불과 1년 5개월 만에 타다는 정부와 국회의 규제에 가로막혀 시동을 끄게 됐다. 아무리 언더독 정서로 사업에 접근하더라도 사회적으로 다른 집단의 이익을 정면으로 침해하는 방식은 위험하다.

그사이 카카오모빌리티는 면허 획득이라는 방식으로 선회하여 시장에 다시 들어왔다. 자회사인 티제이파트너스를 통해 총 9개의 법인 택시 회사를 인수해 900여 개의 면허를 확보했다. 규제 이슈를 정공법으로 돌파하면서 빠른 성장세를 이뤘다. 지속적인 외부 투자 유치로 기업 가치는 8조 5,000억 원에 달하며 기업공개를 눈앞에 두고 있다.

우리 국민 정서와 잘 맞는다고 평가받는 언더독은 불리해 보이는 상황을 이겨내고 성공한 사례에 사람들이 지지를 보내기에 각광받는 스토리 플롯이다. '달걀로 바위 치기'와 같은 상황이지만 기적처럼 달걀이 깨지지 않고 바위를 향해 다시 몸을 던지는 것이다. 그리고 어느 순간 단단한 바위에 금이 가기 시작한다.

구글이나 애플과 같은 선도 기업에서도 사람들의 이런 심리에 부응하기 위해 자신이 1인자가 아니라는 광고를 만들기도 하는데 이것은 톱독에 대한 대중의 반감을 희석시키고자 하는 고도의 전략이다.

메이저와 싸우는 마이너 스토리를 기업 전략으로 잘 활용한 주인공 중에 침구 브랜드 '삼분의일'의 전주훈 대표가 있다. 삼분의일은 에이스와 시몬스(두 회사 대주주는 실제로 형제 사이다)같이 업력이 오래되고 규모도 큰 기업이 장악하고 있는 매트리스 시장을 뛰어난 품질과 고객 경험으로 파고들었다. 지난 2017년 7월 론칭해 벌써 고객 수만 명을 확보했다. 몇 년 안 된 스타트업이지만 네이버 플랫폼에서는 매트리스로 기성 브랜드의 판매량을 앞질렀다.

기존 매트리스 시장에서는 전국 오프라인 매장 유통망을 거점

삼분의일 홈페이지 화면

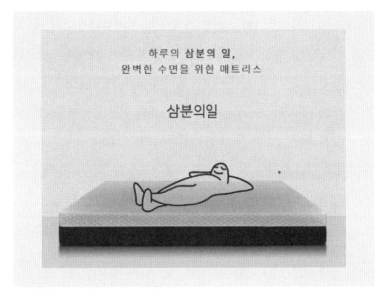

삼분의일 홈페이지 화면

으로 매스미디어를 통해 광고하는 전략이 지배적이어서 신규 브랜드의 진입 장벽이 높았다. 이러한 환경에서 삼분의일은 언더독이었던 것이다. 그러나 SNS가 생기며 고객과 브랜드가 직접 만날 수 있는 채널이 늘었고, 삼분의일은 이러한 트렌드를 파고들었다.

광고에 집중해 신규 소비자를 끌어들이는 기성 업체의 뒤를 따르는 대신 스스로 "제품력에 목숨을 걸었다"라고 표현할 만큼 오롯이 품질에 집중했다. 구매 고객이 좋은 수면을 경험하면 자연히 입소문이 나고 신규 고객이 따라온다는, 어찌 보면 너무도 정직한 전략이었다.

체험관을 운영하지만, 영업에 치중하는 일반적인 오프라인 매장과 달리 정보를 전달하고 소비자가 편안하게 체험할 수 있는 분위기를 만드는 데 집중했다. 이러한 전 대표의 과감한 선택은 적중했다. 고객의 좋은 경험은 신규 고객을 창출하고, 매트리스에서 시작해 베개, 보디필로body pillow, 프레임 등 제품 전반의 구매로 이어졌다. 수면 시간을 완벽하게 채우기 위한 '슬립테크'로 사업 스토리를 확장하고 있는 것이다.

 활용 전략

▶ 절대 강자가 존재하는 시장이나
▶ 시장의 세대교체가 일어나는 큰 변혁기에
▶ 후발주자로서 선도자를 뒤엎는 전략으로 활용한다.

STORY

3.7장
. . . .
나의 뿌리 찾기
플롯

이번에는 '나는 누구인가'에 대한 답을 찾는 뿌리 찾기의 스토리 전개에 대해 살펴보자. 호부호형呼父呼兄을 하지 못하는 갈등에서 시작하는 《홍길동전》도 이 플롯에 근거하고 있다. 가정에서 길동은 서자라는 정체성에 묶여 있고 이에 불만을 품고 있다. 가정을 떠나 사회로 진출할 때도 출생에 따른 차별은 커다란 장애물이 된다. 신분제에 대한 불만은 새로운 국가 정체성에 대한 모색으로 확장된다. 길동은 때로는 가정을 벗어나면서 가졌던 신분적 위계에 따른 사회적 모순을 극복하려 하며, 어떤 때는 개인의 부귀영달을 이루려는 세속적 욕구도 추구하는 복합적인 캐릭터이다. 나는 누구인가에 대한 탐색에 골몰하는 주인공의 형상은 작품의 전체 서사가 정체성 확인의 과정임을 말해준다. 나누어보면, 내적으로는 길동의 권력 추구에 대한 욕망이 자리하고 있으며, 외적으로는 권력을 성취할 수단인 폭력이 자리하고 있다.

이러한 정체성 찾기는 전 세계적으로 흥행몰이에 성공한 〈겨울왕국〉 시리즈에서도 확인할 수 있다. 주인공 엘사는 (스스로는 저주라고 생각한) 주변 사물을 얼음으로 만들어버리는 마법을 왜 갖게 되었는지 스스로에게 질문을 던지며, 정신적 혼란 속에서 답을 찾기 위해 고민한다. 1편에서 엘사는 동생까지 다치게 한 자신의 힘이 두려워 마음의 문을 닫고 혼자 끙끙 앓다가 북쪽 얼음궁전으로 도망간다. 그러다 동생 안나의 도움으로 숨겨왔던 자신의 힘을 세상에 드러내는 쪽을 선택하고 본인의 운명을 받아들인다. 1편에서 엘사가 자신의 정체성을 수용했다면, 2편에서는 지금 이 순간 너무 행복해서 누리고 싶은데 자꾸 어디선가 자신을 부르는 목소리가 들린다. 이 목소리를 따라가면 행복이 사라질 것 같은 불길한 예감이 들었지만 알 수 없는 힘에 이끌려 그곳으로 발걸음이 향한다.

홍길동이나 엘사와 같이 '나는 누구인가?', '내가 태어난 이유는 무엇일까?' 하는 고민은 누구에게나 있다. 이런 의문은 성장 과정에서 누구나 공통적으로 한 번씩 겪는다. 나의 뿌리는 가깝게는 가족, 멀게는 역사이며 나의 근원은 가깝게는 인간, 멀게는 자연 그 자체이다. 이런 특징 때문에 누구나 정체성과 관련된 문제에서 예외가 될 수 없다. 그래서 관심을 갖게 되고, 스토리의 플롯으로도 빈번히 활용되는 것이다.

우리의 한글은 우리가 지킨다

· ·

대중에게 확고하게 각인된 정체성은 때로는 기업의 운명까지 결정짓는다. 절체절명의 위기에 처했더라도 소비자의 마음속에 뿌리가 확고하게 자리 잡고 있으면 극적인 부활이 가능하다. 국내 소프트웨어의 자존심인 '아래아 한글(흔글)'도 뿌리 찾기 스토리로 당면한 어려움을 이겨냈다. 흔글은 1980년대 후반 당시 젊은 IT 개발자들의 손을 거쳐 탄생했다. 서울대 컴퓨터연구회 출신인 이찬진과 후배인 김형집, 우원식 등이 밤낮 가리지 않고 개발에 몰두해 1989년 내놓은 '흔글 1.0'은 단숨에 마이크로소프트MS의 워드프로세서를 물리치고 시장을 장악해갔다. 이때 번 돈 5,000만 원으로 이듬해 한글과컴퓨터(이하 한컴) 법인을 세우고 도스DOS용 워드프로세스 시장에 진출해 흔글 2.5 버전까지 출시했다.

그러나 시장의 빠른 변화는 한컴의 운명을 벼랑 끝으로 몰고 갔다. MS는 윈도Windows 운영체제를 선보였는데, 윈도95는 프로그램 업계의 패러다임 전환을 이끌며 IT 생태계를 완전히 뒤바꿔놓았다. 한컴도 생존을 위해 1995년부터 윈도 버전인 흔글 3.0B를 출시했다. 그러나 시장 환경은 결코 우호적이지 않았다. 상당한 캡티브 마켓Captive Market*을 가지고 있는 삼성도 '훈민정음'으로 윈도용

● 소비자가 특정 제품을 구매 시 자신이 선택할 수 있는 공급자의 수가 매우 제한되어

아래아 한글 초기 DOS 버전 화면

한글 워드프로세서 시장에 뛰어들었다. 또 당시에는 소프트웨어 불법 복제가 성행했던 터라 사용하는 사람은 많아도 회사로 현금 이 들어오지는 않았다. 결국 자금력과 마케팅력이 부족한 한컴은 1997년 외환위기의 충격에서 벗어나지 못했다. 1998년 6월 15일 한컴은 MS로부터 투자 유치를 받는 조건으로 '아래아 한글'을 포기하겠다고 선언했다. "아래아 한글 개발을 전면 중지하고, 1년 안에 판매도 중단한다"라고 충격적인 발표를 했다.

정해진 소수의 공급업자로부터 구입하거나, 아니면 구입을 포기해야 되는 시장을 의미하는데 우리나라에서는 주로 계열사 간의 내부 시장을 지칭한다.

이 발표가 나가자 국내 토종 기업이자 국민적 자존심인 '훈글'을 개발한 기업을 지키자는 운동이 들불처럼 일어났다. 글로벌 기업에 밀리지 않고 한글용 소프트웨어를 만들어왔던 한컴의 정체성이 국민의 마음을 움직인 것이다. 기금 모금과 빌려 쓰는 소프트웨어SaaS와 같은 아래아 한글 살리기 운동에 힘입어 한컴은 MS의 투자금을 포기하고 국민주 기업으로 거듭나게 된다. 이후 한컴은 대주주가 여러 차례 바뀐 후 현재의 한컴그룹으로 지금까지 이어지고 있다. 여전히 훈글은 전 세계 국가 중 드물게 MS워드를 앞서는 경쟁력을 자국에서 보유하고 있다.

'애국 마케팅'도 정체성 찾기에 소구하는 방법이다. 한컴은 1998년 광복절에 맞춰 태극기 로고가 박힌 '훈글 8·15판' 버전을 출시했다. 소비자들도 더 이상 복제판을 이용하지 않고 소프트웨어 구매 행렬에 동참했다. 그렇다고 애국 마케팅이 모든 기업에 통용되지는 않는다. 경쟁력에서 상대적 우위가 있을 때만 가능하다. 한때 큰 인기를 끌었던 '815콜라'의 사례가 이를 방증한다.

815콜라를 출시한 범양식품은 1973년 설립된 음료 생산 업체이다. 미국 코카콜라 본사로부터 원액을 받아 국내용 코카콜라를 위탁 생산했다. 그러다 미국 코카콜라 본사가 한국에서 직접 사업하기로 하고 범양식품과 계약을 해지했다. 당장 존폐 위기에 처한 범양식품은 코카콜라 제조 경험을 살려서 독자 브랜드 음료를 출시했다. IMF 위기로 힘들 때 국민의 무너진 자존심을 살린다는 점을

어필하기 위해 '815콜라'로 제품명을 정했다. 제품명 및 광고 문구에 '815', '콜라 독립'이 들어갔다. 애국 마케팅은 초반 히트를 치는 데 성공한다. 1999년에는 코카콜라와 펩시콜라가 양분하고 있던 시장에서 13%의 점유율을 차지할 정도로 단기간에 인기를 얻었다.

그러나 IMF가 끝나자 판매량은 급속히 줄어들었다. 코카콜라보다 맛이 떨어진다는 평가가 이어지고 출시 시점에 따라 제품 품질이 일정하지 않자 소비자의 불만은 높아져만 갔다. 결국 815콜라는 점차 매장에서 자취를 감췄고 범양식품은 2005년 3월 파산선고를 받았다. 815콜라 사례는 애국 마케팅이 달콤하게 코팅한 당의정일 뿐이라는 것을 보여준다. 본질적으로 경쟁사와 대적할 만한 품질을 갖추고 그에 덧붙여 뿌리를 강조하는 것이 경쟁력을 확보하는 길이다. 한컴과 범양식품의 미래가 갈렸던 결정적 이유이다.

'헤리티지'와 '놀이'의 정체성

· ·

뿌리를 찾아가며 정체성을 확고히 하는 전략은 방향 잃은 기업을 다시 제자리에 올려놓기도 한다. 글로벌 스포츠 브랜드 '휠라'는 한때 '과거의 영광' 속에서 점차 추락하는 한물간 브랜드라는 인식이 강했다. 1911년 이탈리아에서 탄생한 휠라는 1990년대까지는 나이키, 아디다스와 견줄 만큼 성장 가도를 달렸다. 그러나 혁신 경쟁에서 도태되면서 2000년대 초반에는 파산 위기에 처했다. 위기에 직면하자 패션 트렌드를 그때그때 따라가는 데 에너지를 쏟아부었다. 2010년 운동화 업계에 신체 균형을 잡아준다는 '토닝화'가 유행하자 미세 전류가 흐른다는 '이온 토닝화'를 내놨다. 2011년에는 맨발 보행이 주목받자 발가락 양말처럼 생긴 '스켈레토즈화'를 출시했다. 아웃도어가 한창 각광받을 때에는 '전문가용 등산화'와 다이얼을 돌려 끈을 조이는 '보아 트레킹화'를 신제품으로 제시했다. 트렌드를 바로바로 따라가려는 이러한 노력에도 불구하고 브랜드 파워는 계속 약화되면서 경영 상황은 전혀 개선될 기미가 보이지 않았다.

2007년 윤윤수 휠라코리아 회장은 이탈리아 휠라 본사를 직접 인수한다. 패션 변방 국가에서 본고장으로 역으로 뛰어든 것이다. 인수 후에는 그동안의 방향에서 선회하여 '헤리티지heritage(유산) 상품'을 핵심 경쟁력으로 내세운다. 100년 역사를 지닌 휠라는 1980년대 테니스 선수 비에른 보리의 반팔 셔츠, 1990년대 NBA 선수 그랜트 힐의 농구화 등 시대를 풍미한 상품들을 전면에 내세웠다. 헤리티지라는 뿌리를 찾아가자 휠라의 명성은 다시금 회복되기 시작했다. 2017년 초 미국의 톱 모델 켄들 제너, 가수 비욘세와 리한나가 휠라 옷을 입고 나오면서 젊은 MZ 세대의 눈길을 사로잡았다. 자신의 정체성을 찾고 이를 기업 이미지로 바꾸는 작업은 실패의 흔적을 지우며 제2의 성장을 알렸다.

게임 회사 닌텐도도 창업 이후 정체성을 놓치지 않고 고수하며 오랜 시간 시장에서 경쟁력을 유지하고 있다. 닌텐도는 '놀이'라는 뿌리를 가지고 시대에 맞게 변화하고 있으며 이러한 변모는 대중들에게 꾸준히 지지를 받고 있다. 닌텐도가 오늘날의 모습을 갖추는 데는 도시샤대학교 공대 출신의 요코이 군페이라는 인물이 결정적인 역할을 했다. 군페이는 대학 졸업 후 아동 완구를 만드는 고향의 작은 공장에 입사했다. 그는 손재주가 남달리 좋았는데, 이를 지켜보던 사장이 그를 호출하였다. 사장은 군페이에게 개발정보부R&D를 책임지게 하는데 이 팀은 얼마 가지 않아 울트라 시리즈와 광선총 시리즈를 히트시키며 회사의 캐시카우가 된다. 한 해 단일 제품이 120만 개가 팔릴 정도의 대성공이었다. 군페이의 재능을 알아본 사람이 바로 지금의 닌텐도 회사 철학을 정립한 야마우치 히로시 사장이다.

군페이는 성공에 안주하지 않았다. 그는 계산기를 가지고 재미있게 노는 사람을 유심히 관찰했다. 계산기의 작동 구조에 대해 골똘히 생각하고, 내부 연산 처리된 결과값이 LCD에 출력되는 구조를 연구했다. 그러면서 관련 기술이 이미 세상에 나와 있기에, 열차 안에서 플레이할 수 있는 계산기 크기의 게임기를 만드는 게 불가능하지 않음을 알게 되었다. 부단한 연구개발 끝에 'D-Pad'가 세상에 처음으로 등장했다.

이렇게 군페이가 속한 1팀이 성공하고 있을 때 2팀은 시선을 가정의 거실에 맞추었다. 야마우치 히로시 사장은 2팀의 담당자인 우에무라 마사유키를 불러 TV에 연결하는 콘솔 게임을 만들어보라고 지시를 내린다. 닌텐도는 1970년대 중후반에 컬러TV 게임이라는 미국식 소프트웨어 내장 게임들의 일본식 버전을 내놓은 바 있었다. 이렇게 하여 우에무라 마사유키 체제에서 '패미컴(패밀리 컴퓨터)'이라 부르는 콘솔이 1983년 7월 세상에 등장하게 된다. 한국에서는 '컴보이'라 불린 게임기다. 이는 이후 패밀리 컴퓨터 디스크 시스템 등으로 발전하게 되었고 소프트웨어는 〈슈퍼 마리오〉 게임 등에서 시작해 오늘날 거실에서 즐기는 게임기 '위wii'로까지 발전했다. 닌텐도는 코로나19 시국에서도 〈모여봐요 동물의 숲〉으로 '놀이'라는 정체성 위에서 성공 가도를 달리고 있다.

활용 전략

▶ 업력이 오래되고 핵심 경쟁력을 보유한 기업이
▶ 장기 계획을 가지고
▶ 시장에서 롱런하려 할 때 활용한다.

STORY

3.8장

억울함에 대한 복수
플롯

이 책에서 소개하는 스토리 플롯 중 사람들에게 가장 큰 흥미를 안겨주는 패턴이 억울함에 대한 복수이다. 누군가 어떤 이유에서건 원한을 갖게 되고 이를 해결하기 위해 복수를 계획하고 실행하는 이야기는 시대를 불문하고 사람들의 관심을 끈다. 성공 여부에 대한 궁금증으로 끝까지 집중력을 유지할 수 있다.

복수라는 플롯에 천착하는 세계적인 이야기꾼이 한국의 박찬욱 감독이다. 그는 복수라는 테마만으로 3부작의 트릴로지를 완성한다. 그중 전 세계인의 마음을 산 작품이 영화 〈올드보이〉다. 주인공 오대수(최민식 분)는 15년 동안 이유도 모르고 감금당한 채 군만두만 먹고 살아간다. 감금당한 이유만이라도 알면 덜 억울할 거라고 생각한다. 어느 날 갑자기 풀려난 이후 그의 잃어버린 시간과 피폐해진 가족에 대한 복수는 젊은 시절 무심코 던졌던 한마디가 파장을 일으킨 또 다른 복수극으로 귀결된다. 이 모든 것을 기획한 이우진(유지태 분)은 본인이 피해를 본 모든 것이 오대수의 잘못이라 생각하고 복수를 꿈꿔왔지만 사실 돌아보면 본인도 다리에서 떨어지는 누나의 손을 끌어올리지 못해 결국 자살을 적극적으로 막지 않았음을 깨닫는다. 플래시백flashback으로 그 순간을 상기하며 스스로에게 방아쇠를 당기면서 영화는 막을 내린다.

복수와 관련된 플롯은 상상 이상으로 그 범위가 넓고 다층적으로 구성될 수 있으며 많은 경우 다른 플롯과 결합하여 사용된다. 할리우드의 쿠엔틴 타란티노 감독은 〈킬 빌〉, 〈바스터즈: 거친 녀석들〉, 〈장고〉, 〈원스 어폰 어 타임 인 할리우드〉 등 복수물 플롯으로 영화를 즐겨 만들고, 영화배우 리암 니슨은 〈테이큰〉, 〈메모리〉, 〈콜드 체이싱〉 등에서 복수 해결사 전담 역할만 다년간 맡아왔다.

이러한 복수 플롯도 자세히 보면 아래와 같은 몇 개의 패턴으로 정형화돼 있다는 것을 알 수 있다.

① 끔찍한 일을 당한 주인공이 고생고생하다가 결국은 보는 이도 통쾌할 정도로 확실하게 복수에 성공하고 과거의 괴로움에서 벗어나는 이야기

② 복수에 성공하지만, 자신의 삶도 피폐해지거나 또 다른 복수의 표적이 되며, 더 나아가 복수 끝에서 죽음을 맞이하거나 죽지는 않지만 죽는 게 나을 정도로 비참한 결말을 맞이하는 이야기

③ 복수 과정에서 복수의 화신이 되어 복수 대상과 같은, 혹은 더 악랄한 살인마나 악당으로 전락하며 피해자였던 사람이 가해자 입장으로 바뀌는 이야기

디지털카메라에 대한 리벤지

• •

시대가 변하면 산업 지형도 바뀐다. 기술 패러다임의 변화로 과거 산업을 좌우했던 기업이 한순간 나락으로 떨어지는 경우를 쉽게 볼 수 있다. 애플은 2008년 스마트폰을 출시하면서 세계 시가총액 1위 기업으로 성장했지만 반대로 바로 얼마 전까지 휴대폰 시장 1위를 차지하고 있었던 핀란드의 노키아는 끝 모를 추락을 겪어야 했다. 브라운관 TV로 세계를 휩쓴 소니는 2000년대 LCD TV 개발 경쟁에서 LG와 삼성에 밀리며 경쟁력을 상실했다. 소니는 트랜지스터라디오(1955년), 워크맨(1979년) 등 독창적이고 혁신적인 제품으로 유명했지만 LCD TV 개발 타이밍이 늦으면서 '소니다움'은 증발해버렸다. 이제 1등 기업의 몰락은 비즈니스 세계에서는 익숙한 일이 되었다.

다른 시각으로 보면 기술의 급격한 변화는 게임 체인저를 불러온다. 그동안 승승장구한 기업으로서는 억울할 수밖에 없다. 게을렀던 것도 아니고 제품 개발을 위해 부단히 노력해왔지만 한순간

경쟁력을 잃어버려 시장에서 밀려나기 때문이다.

19세기 후반 필름카메라의 발명은 우리의 일상을 크게 변화시켰다. 순간을 영원히 기록으로 남기는 기술은 예술과 대중문화 영역에 새로운 장르를 만들 만큼 강력한 영향력을 끼쳤다. 그리고 카메라 대중화에 기여한 코닥은 한 세기 동안 필름 시장을 확고히 장악했다. 그러나 21세기 디지털카메라의 등장으로 필름이 과거 유물로 바뀌자 공룡 코닥은 2012년 파산보호 신청을 하기에 이른다. '사진은 코닥'이라는 신화도 기술 패러다임의 변화 앞에서는 어떤 힘도 쓰지 못했다. 반면 만년 2위 사업자였던 후지필름은 잠깐의 어려움을 이겨내고 화려하게 컴백한다. 디지털카메라의 발명으로 수많은 특허가 무용지물로 변하자 시야를 옆으로 확대한 것이 두 회사의 차이였다. "최고의 기술력"이라는 찬사를 받았던 축적된 노하우가 정말 아무런 가치가 없는 걸까. 억울한 심경이 기술 접목이라는 유연성을 만나면서 새로운 생존 루트가 발견됐다.

후지필름은 2006년 필름 기술을 활용해 화장품 사업을 시작했다. 사람 피부의 진피를 구성하는 주요 성분과 필름의 주원료가 모두 '콜라겐'이라는 점에 착안했다. 긴 세월 축적한 기술력을 가지고 신사업 발굴에 나섰다. 사진이 노랗게 바래는 것을 막는 기술을 활용하면 피부의 주름 등 노화를 억제할 수 있다는 점을 응용해 제품을 내놓았다. 진단용 의료 기기 사업에도 진출했는데 X레이 필름과 초소형 내시경 등은 기존 카메라와 필름 기술을 기반으로 했기에 가능했다.

후지필름은 포토레지스트 분야에서 높은 세계 시장 점유율을 기록 중이다. 포토레지스트란 반도체 원판인 웨이퍼 위에 회로 패턴을 형성하는 데 꼭 필요한 기술로, 사진 인화 기술과 유사하다. 포토레지스트가 빛이 닿은 부분 또는 닿지 않은 부분만 남기기에 특정 패턴을 만들 수 있는데, 사진을 인화하는 과정 역시 이런 감광 현상을 활용한 것이기 때문이다. 반도체 웨이퍼 표면을 매끄럽게 해주는 연마제인 CMP 슬러리도 마찬가지다. 사진 재료를 연구하던 기술에서 파생해 현재 세계 시장 점유율 20%를 차지하며 2위 플레이어로 부상했다.

더 나아가 신약 개발 부문에까지 발을 들여놓았다. 필름을 만들면서 얻은 콜라겐 가공 기술을 높이면 유도만능줄기세포 배양이 가능하다. 후지필름은 여러 바이오 회사를 M&A해 자사의 기술을 적용하는 방안을 지속적으로 추진하고 있다. 현재 후지필름의 매출 중 헬스케어와 반도체 소재의 비중이 거의 50%를 차지한다. 반면 전통의 카메라 관련 비중은 13% 안팎에 불과하다. 필름 시장 붕괴와 1등 회사였던 코닥의 몰락 상황에서 복수의 날을 갈며 복귀하자 시장은 다시 크게 환호하고 있다. 닥친 어려움에도 무너지지 않고 원천 기술을 응용할 산업을 찾아 창의적으로 적용하는 기업은 쉽게 사라지지 않는다.

국내에서도 유사한 길을 걸어가는 기업이 있다. 코스모그룹의 계열사 코스모신소재가 한국판 '후지필름' 스토리를 써나가고 있는데 코스모신소재의 전신은 새한미디어이다. 새한그룹은 삼성의 창업주 고故 이병철 회장의 차남 이창희 씨가 세운 기업이다. 1967년 미국 마그네틱미디어와 합작해 마그네틱미디어코리아를 설립한 뒤 카세트테이프 사업으로 점차 사세를 확장했다. 1977년 새한전자를 인수하고 1979년 마그네틱미디어코리아의 미국 지분을 사들여 새한미디어로 사명을 변경했다. 1980년대는 그야말로 비디오테이프 시장의 전성기였다. 이 시장을 석권한 새한미디어도 승승장구했다. 1998년 기준 새한미디어의 A/V사업부는 전 세계 오디오와 비디오테이프 시장의 20%를 담당했다. 세계 최대 생산능력을 자랑하기도 했다. 분명한 성장 동력이 생기면서 M&A에도 적극적으로 나섰다. 1997년 4월에는 새한미디어를 주력으로 8개 계열사를 아우른 재계 35위의 새한그룹으로 우뚝 섰다.

그러나 성공 스토리는 기술 패러다임 변화와 IMF라는 광풍 속에서 일장춘몽으로 끝이 났다. 잘못된 투자 결정이 결정타였다. 새한미디어는 1995년부터 필름 사업에 1조 원을 투자하는 모험을 감행했다. 대규모 생산 설비CAPEX 증설을 결정했지만 필름 가격은 이듬해부터 하락하기 시작했다. 저장 매체의 발달로 CD, DVD 등이 세상에 차례로 나오면서 필름 수요가 급격히 줄어든 것이다. 영업 악화와 재무 여력이 취약해진 상황에서 IMF까지 겹치자 더이상 버틸 여력이 없었다. 비디오테이프 시장이 사양길에 접어든

2000년 워크아웃을 신청한다. 새한그룹 계열사는 해체되어 대부분 역사 속으로 사라졌다.

사람들의 뇌리에서 사라져갔던 한때 세계 1위 기업 새한미디어는 2010년 GS의 방계 그룹인 코스모그룹에 인수된다. 사명도 코스모신소재로 변경한다. 코스모신소재는 저장 매체 비중을 줄이고 신기술 개발에 적극 나섰다. 비디오테이프 제작 기술을 활용할 수 있는 분야를 타깃으로 삼았다. 그렇게 이형 필름 시장에 진출한 것이다.

적층세라믹콘덴서MLCC는 '적층'이란 이름이 말해주듯이 여러 층을 쌓아 올려 만드는 부품이다. 층과 층 사이에 전기적 유도 작용을 일으키는 유전체를 붙인 이형 필름을 넣은 후 전극을 인쇄하고 증착하기 전 필름을 떼어내는 공정을 반복한다. 얇고 균일하게 생산할 수 있는 기술이 절대적으로 필요한데 비디오테이프 시장 1위의 기술 노하우가 이형 필름 양산의 밑바탕이 됐다. 코스모신소재의 이형 필름 세계 시장 점유율은 2021년 기준 23%로 1위다.

전기차용 2차전지 소재 사업도 빠른 성장세를 보이고 있다. 코스모신소재는 2차전지의 4대 소재 중 하나로 배터리 성능을 좌우하는 양극재를 만든다. 비디오테이프에는 자성 물질을 입혀야 했는데, 이 기술을 분체 기술이라고 부른다. 분체 기술은 양극활 물질을 만드는 데 접목됐다. 비디오테이프 시장의 몰락으로 더 이상 재기 불능이라고 평가받던 코스모신소재는 현재 시가총액 2조 원을 넘나드는 우량 기업으로 성장했다. 5년 만에 주가가 1,300%나 오르는 놀라운 변신을 기록했다. 대중의 기억에서 잊혔던 기업도 시장으로 돌아와 복수 플롯을 그릴 수 있음을 수치로 보여줬다.

거대한 골리앗의 복수

• •

2025년까지 전기 자율 주행차에 24조 7,000억 원을 투자하는 곳, 소프트뱅크 손정의에게서 2조 7,000억 원을 투자받은 곳, 워런 버핏이 4조 5,000억 원 상당의 주식을 보유한 곳. 이곳이 어디일 까? 첨단 기술로 무장한 스타트업이 아닐까 생각하겠지만 정답은 바로 유구한 역사의 제너럴모터스$_{GM}$이다. GM은 10여 년 전 파산 위기에 처해 미국 정부의 금융 구제를 받았던 회사이기도 하다. 그 사이 테슬라, 구글, 리프트, 집카, 비야디 등의 가볍고 혁신적인 기 업들이 자동차 산업계를 야금야금 장악해갔다. 디지털 혁신의 3대 요소인 전동화, 자율 주행, 공유 경제를 기반으로 빠르게 변모하는 상황에서 이들이 한발 앞서나갔다. 그러나 절치부심한 GM은 저력 을 보여주며 시장에서 그들을 따라잡기 시작한다. 말 그대로 '환골 탈태'에 성공한 것인데, 과연 그사이 GM에 무슨 일이 있었던 것일 까? GM은 실패를 패배로 흘려보내지 않았다. 1996년 GM은 최초 의 전기자동차 'EV1'을 출시했다. 초반의 기대와는 달리 EV1은 단

기간에 처참히 실패하고 단종됐다. 하지만 이 실패 경험은 장기적인 성공을 이루는 데 바탕이 되었다. EV1은 자동차 산업의 미래에 대한 GM의 관심을 촉발시켰고, 이는 2010년의 하이브리드 자동차 쉐보레 볼트와 2016년의 완전 전기자동차 쉐보레 볼트EV의 탄생으로 이어졌다. 볼트는 2017년 〈모터 트렌드〉에서 '올해의 자동차'로 선정되어 시장을 선도해나가기 시작했다. 더 나아가 크루즈 오토메이션이란 회사를 인수하면서, 자율 주행 분야의 체계적인 지식을 축적하기도 했다. 이를 바탕으로 현재 혁신 기술에서 앞선 GM이 만들어진 것이다. '혁신의 최전방'이라 불리는 실리콘밸리에서 수십 년간 컨설턴트로 일해 온 두 전문가, 토드 휴린과 스콧 스나이더는 GM의 부활을 '골리앗의 복수'라고 이름 붙였다. 업계를 지배해온 골리앗 기업은 작고 공격적인 다윗 기업에 시장을 빼앗기며 억울함을 가졌지만, GM이 다윗과 골리앗의 이야기를 변형해 활용함으로써 복수에 성공한 것을 높게 평가한 것이다.

 활용 전략

▶ 실패했던 조직이 막강한 경쟁자 또는 불리한 시장 환경을 극복하고
▶ 보유한 경쟁력을 변형하여 재기할 때 활용한다.

STORY

4장
·····
나만의 파이낸셜 스토리를
완성하라

이야기의 범람,
그럼에도 나의 이야기를 해야 한다

· ·

비즈니스를 하는 데 있어 관련된 사람들의 범위는 다양하다. 첨예한 이해관계를 놓고 복잡한 관계들이 씨줄과 날줄로 얽혀 있다. 그렇기에 비즈니스를 혼자의 힘만으로 성공하기란 어렵다. 타인과의 협업이 필연적이다. 이러한 환경이기에 스토리의 효과와 스토리 디자인 만들기에 관해 많은 지면을 할애해 설명하였다. 그렇다면 스토리 디자인은 우리에게 무엇을 가져다줄 수 있을까? 3가지로 정리할 수 있겠다.

첫째, 9개의 스토리 캔버스 블록을 갖춘 파이낸셜 스토리는 듣는 이에게 오랫동안 접착력 강한 스티커처럼 기억될 수 있다. 영어로 말하면 스티키sticky가 가능한 것이다. '각인 효과'로 표현할 수도 있는데, 스토리의 이러한 기능 덕분에 주변 이해관계자들의 지지와 협조를 더 쉽게 끌어낼 수 있다. 내가 만든 파이낸셜 스토리에 동참하는 세력이 생기는 것이다.

미국 노스캐롤라이나대학교 심리학과 교수인 멜라니 그린은 2004년에 발표한 〈담화 과정Discourse Processes〉 논문에서 이러한 효과에 대해 심층적으로 연구했다. "제품에 덧붙여진 이야기는 곧 내 이야기와 맞물린다. 뛰어난 이야기는 작품의 주인공과 정서적으로 일체감을 일으키면서 제품에 대한 각별한 선호를 유발한다. 이러한 상태를 '이야기 도취narrative transport' 현상이라 부른다. 독자가 이야기에 매료되는 것은 현실 세계에 대해 생각하고 느낀 것을 이야기 속에서 발견하기 때문이다." 빼곡한 글로 가득한 회사 소개서보다는 잘 구성된 스토리 하나가 더 효과적일 수 있는 이유를 '이야기 도취'라는 심리학 용어로 설명하였다.

둘째, 주어진 목표에 대한 스토리 캔버스를 작성하다 보면 스토리의 완성도를 높이기 위해서는 어떤 점이 필요하고 무엇을 수정해야 하는지 한눈에 파악할 수 있다. 기업들이 다양한 프레임워크를 보고서 작성 시 사용하는 이유와 같다. 보통은 범용성이 검증된 분석 툴이나 2X2매트릭스 등이 쓰인다. 조직 전략에 따라 스토리 캔버스의 블록을 채우고 보완하는 과정은 비주얼 씽킹Visual Thinking을 구현하는 하나의 방법인데 시각화된 도구를 통해 생각을 입체적으로 표현하여 실행력을 높일 수 있다.

스토리 캔버스를 작성할 때 이 책의 2장에서 제시한 핵심 질문 Key Questions에 답을 구하다 보면 지금이 어떠한 시기인지, 나에게 유리한 지역인지, 숨겨진 장애물은 어떤 것이 있는지, 적대자의 능력은 어느 정도인지, 조력자의 도움을 받을 수 있는지 등의 내용을 짚을 수 있다. 처음에는 듬성듬성했던 스토리 캔버스가 작업을 거치며 촘촘하게 채워지는 것도 볼 수 있을 것이다.

셋째, 비즈니스 목적을 달성하는 데 있어 스토리 디자인은 나아갈 방향에 대한 이정표를 제시해줄 수 있다. 지난 일의 사후적인 정리를 위해서도 쓸 수 있으나 향후 미래 계획을 설정할 때 활용하는 것이 더 효과적이다. 스토리는 정해진 답이 없다는 것이 특징이다. 맨땅에서 본인이 길을 만들거나 찾아가야 한다. 적절한 길에 제대로 올라탔다면 스토리가 단기 또는 장기적으로 기업이 나아가야 하는 방향을 제시해줄 수 있다. 잘 구성된 스토리는 그 기업에서 전략적 나침반 역할을 수행하며 현 상황AS-IS과 나아갈 방향 TO-BE 사이의 가교를 만들어준다. 그래서 동일한 스토리 주제에 대해서도 시간 차를 두고 여러 번의 스토리 캔버스를 그려보기를 추천한다. 스토리 디자인 버전이 업그레이드되면서 파이낸셜 스토리의 전략적 완성도도 높아진다.

일어날 가능성이 있는 복수의 미래를 시나리오로 만들어 각각에 맞는 대응 전략을 수립하는 '시나리오 플래닝Scenario Planning' 기법도 같은 접근 방법을 공유한다. 시나리오란 우리가 미래를 대비해 쓰는 플롯의 다른 표현이기 때문이다.

스토리 캔버스 블록들은 용어만 다르지 여기저기서 이미 많이 활용된다. 한국의 대표 영화감독인 봉준호와 홍상수를 비교해보자. 두 사람 다 스토리를 영상으로 옮기는 작업을 하지만 현장에서는 상당히 다른 방식을 취한다.

봉준호 감독은 업계에서 '봉테일'이라고 불릴 정도로 작업에 들어가기 전 철두철미하게 사전 준비를 하는 것으로 유명하다. 특히 촬영 현장에서 혼선이 생기는 것을 예방하기 위해 본인만의 스토리보드를 작성하는 방법을 쓴다고 한다. 여기에 현장에서 발생할 수 있는 모든 상황을 그림과 글을 통해 담는다. 다음은 봉준호 감독의 영화 〈기생충〉의 스토리보드 중 한 장면이다.

대사뿐만 아니라 앞에서 살펴본 스토리 캔버스 블록들이 곳곳에 등장한다. 변형된 스토리 캔버스라 할 수 있다. 이런 디테일한 작업 방식 덕분에 그는 영화 제작자들이 가장 선호하는 감독으로 꼽힌다. 전체 프로젝트의 일정 예측이 가능하고 예산을 효율적으로 집행할 수 있기 때문이다.

반면 홍상수 감독은 사전 설정을 극도로 싫어하여 준비된 대본조차 없이 최소한의 줄거리만 가지고 당일의 기분에 따라 촬영한다고 한다. 계획성을 최대한 줄이고 즉흥성을 높이는 것을 선호하는 게 그의 작업 방식이다. 이는 대규모 자본이 투입되는 상업 영

영화 〈기생충〉의 스토리보드 중 한 장면

화와 독립 영화의 차이이기도 한데 아무래도 비즈니스는 상업 영
화 촬영에 가까울 것이다.

파이낸셜 스토리의 밸류 체인,
스토리두잉으로 확장

· ·

소개한 사례들에서 살펴보았듯이 기업의 철학이 온전히 담긴 스토리는 성장을 가져온다. 그러나 넘쳐나는 이야기의 홍수 속에서 소비자는 기업이 말하려는 스토리에 지속적으로 관심을 갖기 어렵다. 소비자, 넓게 보면 대중은 철저하게 자기중심적으로 생각하기에 본인에게 필요한 정보 이외에는 모두 흘려들으려 한다. 그래서 스토리가 중요하다고 말하는 것이지만, 실상 대부분의 스토리가 일회성으로 쓰이고 버려지는 것 또한 냉정한 현실이다. 기업이 이야기하고 싶은 것은 점점 많아지지만 듣고자 하는 이는 없는, 공급이 수요를 넘어서는 세상이 된 것이다. 그렇다고 해서 스토리텔링이 무용하다는 말은 아니다. 단지 이제는 스토리텔링만으로는 부족하다는 의미다. 특히 소비자의 마음을 사서 그들의 지갑을 열어야 하는 기업으로서는 더 확장된 파이낸셜 스토리 전략을 갖춰야 한다.

기업의 파이낸셜 스토리는 밸류 체인의 완성을 통해 이루어진다. 스토리를 디자인story design하고, 스토리로 말하고story telling, 스토리에 맞춰 행동story doing해야 한다. 계획-전달-실행이 하나로 이어져 전체가 물 흐르듯이 연결되어야 한다. 이 책에서는 스토리 밸류 체인 중 스토리 디자인에 대해 주로 이야기했다. 지면의 한계상 스토리텔링과 스토리두잉에 대해서는 두 개념을 비교하며 간략하

파이낸셜 스토리 밸류 체인

스토리 디자인 ≫ 스토리텔링 ≫ 스토리두잉

게 다루고 넘어가겠다. 우리에게 친숙한 스토리텔링의 다음 단계인 스토리두잉은 기업이 전달하려는 가치를 직접 실현해 보이는 것이다. 그동안 기업은 텔링에만 의지해 일방적으로 이야기를 설파해왔다. 비슷한 스토리를 계속해 들으면 다 거기서 거기로 여겨진다. 하물며 쌍방향 소통이 아닌, 일방적인 소통일 경우에는 더더욱 그러하다.

그러나 스토리두잉은 기업 가치를 관통하는 이야기를 발굴하고 회사 활동을 그 안에서 전개한다. 광고와 같은 한정적인 채널에서 하고 싶은 말을 전달하는 것으로부터 한 단계 나아간 형태로 소비자의 체험과 참여폭도 넓어진다. 스토리두잉 개념은 미국 최대 광고 회사 JWT의 CEO를 지내고 크리에이티브 컨설팅사 '코:컬렉티브Co:collective'를 창업한 타이 몬터규가 처음 고안해냈다. 기존의 일방적이고 단선적인 소통에서 벗어나 기업 철학이 담긴 제품을 개발하고 이벤트를 기획하고 기업을 홍보하고 인재를 육성하고 고용하는 활동으로 확장을 시도한 것이다. 쉽게 말하면 단순 전달은 '스토리텔링', 이것을 실천하고 대중의 참여를 이끌어내고 쌍방향 소통을 하면 '스토리두잉'이다. 이 과정을 반복하고 지속함으로써 스토리는 기업의 DNA로 정착된다.

'기업은 이야깃거리를 만들고 그에 대한 선택과 결정은 소비자가 하게 하는 것', 이것이 스토리두잉이 궁극적으로 이루고자 하는 바이다. 앞서 블루보틀이 '일본 장인의 노력'과 같은 핸드 드립 커피를 본질로 삼아 스토리를 만들었다면, 스타벅스는 커피 산업에서 한발 더 나아가 모바일 핀테크 기업으로 스토리 밸류 체인을 확장하고 있다. 스타벅스는 단순한 커피 회사를 뛰어넘어 블록체인, AI, 빅데이터 기반 클라우드 등의 4차 산업을 아우르는 기업으로 변모 중이다. 블록체인화된 코드를 확인함으로써 내가 마시는 커피 원두가 어디에서 왔는지, 나의 소비가 농부에게 어떤 도움을 주는지 바로 확인할 수 있다. 스타벅스 애플리케이션으로 결제하며 일정 횟수 이상을 마셨을 땐 굿즈goods나 무료 음료 쿠폰이 주어진다. 빅데이터 기반의 클라우드는 소비자가 날씨에 맞게 음료를 선택할 수 있도록 추천해주고, 입맛에 맞을 새로운 메뉴를 추천하기도 한다. 또한 전 세계 매장에서 동일한 맛을 낼 수 있게 레시피를 실시간으로 공유한다. 하나의 '스타벅스 네트워크'가 만들어져 소비자에게 확장된 선택권을 주고 있다. 스토리 밸류 체인에서 정보가 전후방으로 막힘 없이 흐르는 시스템을 완성한 것이다. 이 흐름 안에서 스토리두잉은 자연스레 실현된다.

소비자는 이제 기업의 목소리를 무조건적으로 믿지 않으며, 본인과 동등한 위치인 다른 소비자가 이야기하는 것을 더 신뢰한다. 입소문을 퍼뜨리는 바이럴 마케팅이 성행하는 것도, 제품설명서보다는 리뷰를 먼저 보게 되는 것도 같은 이유이다. 먼저 제품을 경험한 소비자가 직접 들려주는 '구매 후 스토리'가 더 와 닿기 때문이다. 기업이 이야기하는 게 아니라 소비자가 공유하고 공감하고 이야깃거리를 만들어낸다. 스토리 생산의 주체가 바뀌었다. 스토리텔링이 B2CBusiness to Comsumer 지향 목적의 텔링이라면, 스토리두잉은 '이야깃거리를 제공하는 기술'인 C2CCustomer to Customer를 지향한다.

스토리두잉은 광고, 프로모션, BTLBelow The Line 마케팅이나 CSRCorporate Social Responsibility과 같은 어느 한 부분에 속하는 한정적 개념이라기보다는 기업 전체의 체질을 변화시키는 일에 가깝다. 소비자와 기업의 모든 접점에서 기업의 행동이 바뀌는 것을 의미한다. 사람들이 기업과 접하는 지점에서 자연스럽게 기업이 전달하고자 하는 생각을 느끼고 공감하여 이야기하고 싶게 만드는 것이다.

에너지 드링크 제조사 레드불은 스토리두잉을 사내 전략으로 성공적으로 내재화한 기업으로 자주 언급된다. 회사가 표방하는 '위험을 감수하는 것'에 관한 이야기를 만들고 구성하고 펼쳐나간다. 여기에 맞추어 익스트림 스포츠 행사를 여럿 성공적으로 기획·개최하였다. 그중에서도 레드불 에어레이스는 2003년부터 시작해 지금까지 약 50회 이상의 경기가 열렸을 정도로 역사 있는 익스트림 스포츠이다. 하늘의 F1이라고도 불리며, 1년 동안 전 세계의 하늘을 가리지 않고 레이스가 펼쳐진다. 베테랑 파일럿들만 출전하는 비행 레이스 대회인 만큼 마니아 층도 두텁고, 팬들의 응원도 뜨겁다. 또한 레드불의 '우주 다이빙'은 낙하 장면이 유튜브로 생중계되면서 전 세계 소비자와 언론의 시선을 모았다. '비행기보다 빠른 속도로 낙하한 우주 다이버', '인류 역사상 가장 높은 곳에서 떨어진 다이버', '맨몸으로 음속을 돌파한 최초의 인간'의 이야기가 여기서 퍼져나갔다. 이 행사로만 레드불은 1,700억 원이 넘는 홍보 효과를 만들어냈다. 소비자 중에 참여자를 받아서 패러글라이딩으로 알프스 계곡을 통과하는 '엑스-알프스' 행사도 '위험 감수'라는 회사

레드불 '우주 다이빙' 장면

의 모토를 제대로 보여준다.

탐스TOMS는 신발 한 켤레를 사면 한 켤레를 불우한 이웃에게 기증한다. 창업자 블레이크 마이코스키가 아르헨티나를 여행하던 중 신발이 없는 아이들을 보고, 기업의 이윤 창출과 기부를 동시에 할 방법을 고민한 끝에 'one for one'을 슬로건으로 만들고 실천에 옮겼다. 소비자에게 신발 한 켤레에 두 켤레 가격을 받지만, 입소문 덕분에 마케팅 비용과 유통 마진을 줄여 가격 저항을 낮췄다. 기업의 기부 철학을 실제로 실행하는 행동력을 보여주자 탐스는 창립 6개월 만에 1만여 켤레의 판매 기록을 세우게 된다. 성공적인 스토리두잉은 공허할 수 있는 ESG 지표를 현재진행형으로 바꾸어준다.

파이낸셜 스토리의 위험성, 오용과 남용

• •

파이낸셜 스토리를 만드는 데 있어서 주의할 점이 있다. 남의 스토리를 그대로 가져다 사용하는 '오용誤用'과 겉치레로 마구 사용하는 '남용濫用'이다.

10여 년 전만 해도 경영학계에서 벤치마킹benchmarking은 따끈따끈한 경영혁신 도구였다. 선진 기업의 베스트 프랙티스best practice를 가져와 우리 기업에 도입하면 비슷한 결과를 달성할 수 있다는 명쾌한 방법론이었다. 실제로 많은 국내 기업이 서구 기업들의 성공 공식을 따라 해 효과를 보기도 하였다. 하지만 근래 들어 벤치마킹 무용론 얘기가 나올 만큼 그 효용성에 대해 의문들이 제기되고 있다. 어떤 이유일까. 크게는 두 가지가 있을 것이다. 첫째는 VUCA(변동성Volatility, 불확실성Uncertainty, 복잡성Complexity, 모호성Ambiguity) 시대가 도래함에 따라 개별적으로 처한 환경이 달라졌는데 동일한 전략을 추구한다는 것은 유치원에 가서 성인 가요를 부르는 일이 될 수 있다. 두 번째는 정보 전달의 속도가 빨라지고 공개가 쉽게 됨에 따라 나만의 비밀 성공 공식이라는 것은 더 이상 존재하기 어렵게 되었다. 모두가 같은 전략을 선택하여 실행하면 그 효과는 빛을 발하기 어렵게 된다.

벤치마킹도 한물갔다는 평가를 받는데 남의 스토리를 그대로 가지고 와서 사용하는 것은 위험하다. 주인공이 다른 만큼 스토리 캔버스 블록 중 시대적 배경, 공간적 배경, 장애물, 조력자 등의 요소를 나의 과제에 맞게 새롭게 작성해야 한다. 파이낸셜 스토리는 'Ctrl-C'와 'Ctrl-V'로 작성할 수 있는 게 아니다.

평소 도덕적이지 못한 행동을 작은 선행 몇 가지로 덮으려는 것을 '화이트 워싱white washing'이라 한다. 공해 배출 업체가 외부적으로 자연보호 활동을 표방하는 것은 '그린 워싱green washing'이라 한다. 스토리텔링이라는 용어의 범람과 함께 진정한 스토리 디자인을 갖추지 않고 파이낸셜 스토리를 표방하는 '스토리 워싱story washing'도 만연한다. 심지어 관련 사례 하나를 언급하는 것으로 스토리를 만들었다고 말하기도 한다. 물론 사례가 스토리 구현의 한 방법이기는 하지만 그 자체로 스토리를 완성했다고 하기에는 많이 부족하다. 플롯을 비롯한 스토리 캔버스 블록이 어느 정도는 채워져 있어야 한다. 특히 실질적인 결과를 만들어내야 하는 파이낸셜 스토리에서 어설픈 스토리 남용은 오히려 아니함만 못한 결과를 가져온다. 반드시 스토리 디자인, 스토리텔링, 스토리두잉으로 이어지는 스토리 밸류 체인 전체를 생각하면서 유기적으로 진행하는 노력을 기울여야 한다.

서울우유는 오랜 기간 대중에게 사랑받아온 업계 선두의 기업이다. 이러한 서울우유도 시대에 맞지 않는 스토리를 표방함으로써 네티즌들의 질타를 받고 한순간 기업 이미지가 추락하고 말았다. 서울우유는 과거에도 여성과 젖소를 연결하는 스토리를 내보내 비판을 받은 적이 있었다. 하지만 그때는 시절이 시절이라 소소한 논란 정도로 그치고 넘어갔다. 여기서 반성하고 그쳤으면 좋았으련만, 서울우유는 최근 유튜브를 통해 젖소가 여성으로 변신하고 누군가 이를 몰래 촬영하는 광고 영상을 제작해 게시했다. 이번에는 소비자들의 비판으로만 그치지 않고 성차별주의적이고 젠더 감수성에 대한 이해가 부족하다는 해외의 언론 보도로까지 이어졌다. 결국 영상은 내려졌고 회사는 사과문을 올렸다. 섣부른 스토리텔링에 앞서 스토리 디자인에 대한 충분한 고민이 있었으면 피해갈 수 있었던 일이다.

스토리가 사회에 미치는 영향력이 커질수록 스토리를 디자인하고 텔링하는 행위에는 날카로운 눈과 따뜻한 가슴, 그리고 시대에 맞는 윤리의식이 필요하다. 아울러 내가 만드는 스토리는 내가 살고 있는 사회의 가치관, 나아가 국가적 이해관계 등과도 발맞춰 가야 한다는 사실을 인식해야 한다. 대중을 현혹하는 흥미롭고 기발한 사건이나 인물은 쉽게 만들어낼 수 있다. 하지만 청중의 관심도에만 몰두한 스토리에 집중한다면 앞서 말한 비판에 직면할 수밖에 없다. 파이낸셜 스토리는 일회성으로 퍼뜨리는 것이 아니다. 고대 신화의 시대처럼 21세기 과학의 시대에도 이야기는 여러 모습으로 여전히 우리 주위에 존재하고 있다. 이야기를 쓰고 감상하는 행위는 이제 일상의 영역을 넘어 비즈니스 영역에까지 그 영향력을 확장하고 있다. 스토리가 나만의 이야기에서 기업의 이야기로, 나아가 사회의 이야기로 발전하기 위해서는, 즉 더 나은 탐색의 마당이 되게 하려면 항상 윤리적·사회적 기준을 생각하고 무엇이 더 가치 있는 것인지에 대해 끊임없이 생각해봐야 한다.

역전할머니맥주의 파이낸셜 스토리

• •

파이낸셜 스토리를 만들어내는 것은 결코 쉬운 일이 아니다. 하루아침에 뚝딱 만들 수 있는 것은 아니지만, 잘 구성된 스토리를 많이 듣고 보고 스토리 캔버스 블록을 분해해 살펴보는 게 도움이 된다. 스토리라는 무기를 가지고 프랜차이즈 성공 신화를 열어낸 역전할머니맥주를 소개하려 한다. 실제 역전할머니맥주는 첫 출발부터 '스토리'를 핵심 경쟁력 전략으로 삼고, 모든 프랜차이즈 사업을 이에 맞춰 키우는 행보를 보였다. 주위에서 흔하게 볼 수 있는 저렴한 생맥주 가게가 7년 만에 1,000억 원 이상의 회사로 성장해온 노정을 찬찬히 되짚어보자.

고졸 출신 성공 신화를 열어낸 소종근 역전F&C 대표[포기하지 않는 근성의 주인공]는 2022년 상반기 언론에서 집중 조명됐다. 프랜차이즈 창업 8년 만에 회사를 국내 사모펀드에 팔면서 30대에 1,000억 원 넘는 돈을 거머쥔 사나이로 부각됐다. 젊은 나이에 큰 성공을 거뒀지만 사실 그는 특출한 배경이 하나도 없다. 집안이 어려워지자 공업고등학교를 졸업하고 외식 사업에 뛰어들어 생계를 이어가야 했다[미운 오리 새끼 + 험난한 여정의 플롯]. 식자재 유통과 함께 익산에서 '우리동네맥주가', '청담동말자싸롱', '조선주막' 등을 운영하며 밑바닥부터 경험을 쌓았다. 청담동말자싸롱에서 그에게 영업본부장을 제안하면서 '영업통'이 되었으며 '포차어게인'의 가맹 사업과 영업본부를 맡기도 했다[경험을 쌓게 해준 조력자].

그는 여러 프랜차이즈를 전전하면서 성공하는 기업은 차별성 있는 스토리를 가지고 있어야 한다는 것을 깨달았다. 그리고 'OB베어엘베강'이라는 지역 맥주 가게의 스토리에 빠져 프랜차이즈 창업을 결심했다. 전북 익산역[공간적 배경] 앞의 스몰비어 노포인 OB베어엘베강은 40년 전 딸을 잃은 할머니의 이야기에서 시작한다. 김칠선 할머니는 1982년 익산역 근처에서 잃어버린 딸을 찾기 위해 역 앞에서 8평 규모의 작은 가게를 열었다. 손님을 자식같이 여긴 할머니의 마음 씀씀이로 단골은 늘어갔지만 딸의 소식은 듣지 못하였다. 이런 할머니의 안타까운 사연이 전국에 널리 알려지자 유명 TV 프로그램이 나서서 결국 딸을 만날 수 있었다. 영화보다 더 극적인 노포 할머니의 이야기는 OB베어엘베강의 시그니처 안주였던 '오징어입'을 5년간 납품하던 소 대표에게도 큰 울림으로 다가왔다.

그는 OB베어엘베강의 프랜차이즈권을 직접 인수해 역전할머니맥주 사업을 본격적으로 시작했다. 콘셉트는 역시 할머니의 이야기에서 시작한다. 훈훈한 이야기를 통해 친근함과 주목도를 끌고 할머니의 필살 조리법인 살얼음 맥주와 저렴한 안주를 그대로 계승했다[정체성 찾기 플롯]. '슬러시 맥주 제조 방법', '생맥주 공급 장치' 특허를 받고 2016년 10월 역전할머니맥주 1호점을 열었다.

친근한 노포 이미지는 전통과 현대의 조화를 추구하는 MZ 세대의 주목을 받으면서 승승장구했다[전통과 현대가 조화되는 메시지]. 오랜 시간을 의미하는 빛바랜 노포 간판을 보면 어떤 생각이 떠오르는가? '검증된, 한결같은, 어머니의 손맛, 정감 있는' 등의 이미지를 연상할 것이다. 이는 행동경제학*에서 말하는 '앵커링Anchoring 효과'에 기대는 것이다. '닻 내리기'라는 뜻의 '앵커링'은 내재적 가치가 아니라 최초의 기준에 의해 높고 낮음을 평가하는 것을 의미한다. 즉 상대적 비교에 의해 가치가 생성된다는 뜻이다. 한 예로 동일 업종이 모여 있는 식당 타운에 가면 식당 이름으로 지역명을 많이 사용하는 것을 볼 수 있다. 전주집, 진주집, 남원집 등 이름도 천차만별이다. 이 또한 앵커링 효과를 활용한 것이다. 충분한 정보가 없는 상태에서 비슷해 보이는 식당 중 하나를 선택해야 할 때, 전라도 음식을 좋아하는 사람이라면 전주집을, 경상도 음식을 선호하는 고객이라면 진주집을 선택하여 들어갈 가능성이 크다.

소 대표는 처음부터 이런 스토리를 디자인하고 텔링하고 두잉함으로써 큰 성공을 거둔다. 노포 할머니의 친숙함과 저렴한 맥주와 안주[주인공의 가치관]는 젊은 세대에게 큰 인기를 끌었다. 2020년에 벌써 전국 500호점을 돌파했으며 2022년 4월에는 800호점을 넘어섰다. 이런 폭발적인 성장세와 브랜딩의 강고함은 자본시장에서도 큰 관심을 일으켰다. 2019년 프리미어파트너스라는 사모펀드 PEF 운용사가 인수를 추진했지만 코로나19 확산으로[장애물] 거래가 무산됐다. 이후 롯데손해보험, 팬오션 등에 투자 경험이 있는 대

● 행동경제학은 인간이 꼭 합리적인 것만은 아니며 감정적으로 선택하는 경향이 있음을 강조한다.

형 PEF인 JKL파트너스가 관심을 보였고, 2022년 5월 케이스톤파트너스라는 곳이 최종 인수에 성공했다. 거래가액이 무려 1,500억 원에 달한다.

투자 생태계에서 요식업F&B은 '투자자의 무덤'으로 불릴 만큼 부정적 이미지가 강한 곳이다[장애물]. 프랜차이즈 생명력이 오래가지 못하고 유행이 빨리 변하는 특성 탓이다. 외국계 PEF가 2011년 보쌈·부대찌개로 유명한 외식 프랜차이즈 '놀부'에 투자했다가 큰 손해를 본 여파가 컸다. 그러나 역전할머니맥주는 잘 구성된 스토리 디자인과 스토리텔링을 사업에 잘 입힌 것에 그치지 않고 스토리 두잉까지 실천하면서 파이낸셜 스토리를 강고하게 만들어내는 데 성공했다.

업무에서의 스토리 캔버스

• •

파이낸셜 스토리라 해서 꼭 크게만 생각할 필요는 없다. 스토리 캔버스는 직장인의 일상 업무에도 얼마든지 활용 가능하다. 팀 미팅을 정리한 회의록, 신사업 추진에 대한 기획 보고서, 신제품 출시 언팩unpacked 행사, 사내 워크숍 준비, 수주를 놓고 펼쳐지는 경쟁 프레젠테이션 등에 활용할 수 있다. 목차 전개나 내용 구성에 대한 고민도 스토리 캔버스를 작성하면서 많은 부분 해결할 수 있다.

미팅 회의록

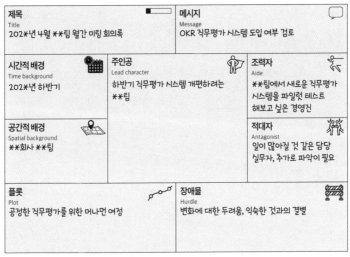

제목 Title 202*년 4월 **팀 월간 미팅 회의록	메시지 Message OKR 직무평가 시스템 도입 여부 검토	
시간적 배경 Time background 202*년 하반기	주인공 Lead character 하반기 직무평가 시스템 개편하려는 **팀	조력자 Aide **팀에서 새로운 직무평가 시스템을 파일럿 테스트 해보고 싶은 경영진
공간적 배경 Spatial background **회사 **팀		적대자 Antagonist 일이 많아질 것 같은 담당 실무자, 추가로 파악이 필요
플롯 Plot 공정한 직무평가를 위한 머나먼 여정	장애물 Hurdle 변화에 대한 두려움, 익숙한 것과의 결별	

기획 보고서

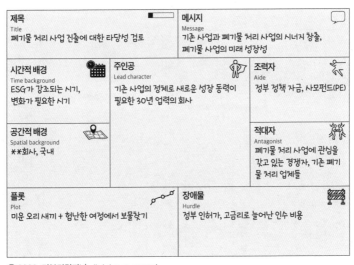

제목 Title 폐기물 처리 사업 진출에 대한 타당성 검토	메시지 Message 기존 사업과 폐기물 처리 사업의 시너지 창출, 폐기물 사업의 미래 성장성	
시간적 배경 Time background ESG가 강조되는 시기, 변화가 필요한 시기	주인공 Lead character 기존 사업의 정체로 새로운 성장 동력이 필요한 30년 업력의 회사	조력자 Aide 정부 정책 자금, 사모펀드(PE)
공간적 배경 Spatial background **회사, 국내		적대자 Antagonist 폐기물 처리 사업에 관심을 갖고 있는 경쟁자, 기존 폐기물 처리 업체들
플롯 Plot 미운 오리 새끼 + 험난한 여정에서 보물찾기	장애물 Hurdle 정부 인허가, 고금리로 늘어난 인수 비용	

제품 출시 언팩 행사

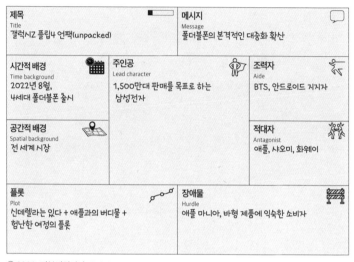

제목 Title 갤럭시Z 플립4 언팩(unpacked)		메시지 Message 폴더블폰의 본격적인 대중화 확산
시간적 배경 Time background 2022년 8월, 4세대 폴더블폰 출시	주인공 Lead character 1,500만대 판매를 목표로 하는 삼성전자	조력자 Aide BTS, 안드로이드 지지자
공간적 배경 Spatial background 전 세계 시장		적대자 Antagonist 애플, 샤오미, 화웨이
플롯 Plot 신데렐라는 있다 + 애플과의 버디물 + 험난한 여정의 플롯		장애물 Hurdle 애플 마니아, 바형 제품에 익숙한 소비자

사내 워크숍

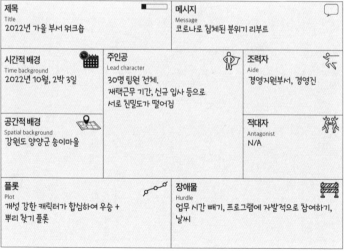

제목 Title 2022년 가을 부서 워크숍		메시지 Message 코로나로 침체된 분위기 리부트
시간적 배경 Time background 2022년 10월, 2박 3일	주인공 Lead character 30명 팀원 전체. 재택근무 기간, 신규 입사 등으로 서로 친밀도가 떨어짐	조력자 Aide 경영지원부서, 경영진
공간적 배경 Spatial background 강원도 양양군 송이마을		적대자 Antagonist N/A
플롯 Plot 개성 강한 캐릭터가 합심하여 우승 + 뿌리 찾기 플롯		장애물 Hurdle 업무 시간 빼기, 프로그램에 자발적으로 참여하기, 날씨

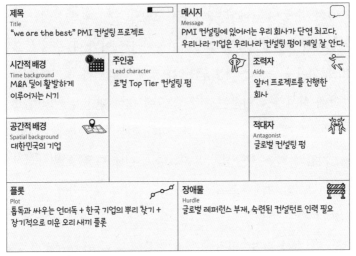

경쟁 프레젠테이션

제목 Title "we are the best" PMI 컨설팅 프로젝트		메시지 Message PMI 컨설팅에 있어서는 우리 회사가 단연 최고다. 우리나라 기업은 우리나라 컨설팅 펌이 제일 잘 안다.
시간적 배경 Time background M&A 딜이 활발하게 이루어지는 시기	주인공 Lead character 로컬 Top Tier 컨설팅 펌	조력자 Aide 앞서 프로젝트를 진행한 회사
공간적 배경 Spatial background 대한민국의 기업		적대자 Antagonist 글로벌 컨설팅 펌
플롯 Plot 톱독과 싸우는 언더독 + 한국 기업의 뿌리 찾기 + 장기적으로 미운 오리 새끼 플롯		장애물 Hurdle 글로벌 레퍼런스 부재, 숙련된 컨설턴트 인력 필요

'멀고도 가까운' 파이낸셜 스토리, 미래를 여는 문

• •

파이낸셜과 스토리를 유기적으로 결합하는 것은 쉽지 않은 고차 방정식에 속한다. 서로 상충하는 요소들을 극복해야 하는 상황이 등장한다. ESG가 강조되는 환경에서 담배 회사들은 생존의 위기에 놓여 있다. 담배의 유해성이 밝혀지기 시작한 것은 오래되었다. 1960년대부터 담배가 발암 물질을 담고 있다는 연구들이 속속나오기 시작했다. 1964년 미국외과의사협회가 담배가 폐암 등을유발한다는 보고서를 발표하는 등 의학계가 흡연의 폐해를 공개적으로 경고했다. 1998년에는 미국 담배 회사들이 법원의 판결에 따라 50여 년 동안 담배의 유해성을 고의로 속인 대가로 미국 전체 40여 개 주에서 2,000억 달러 이상을 배상해야 했다. 우리 돈으로 200조 원이 넘는 배상액은 금전적으로도 타격이다. 하지만 이보다 더 담배 회사를 위협하는 것은 건강에 대한 관심이 커지며 흡연 인구가 계속해서 줄고 있다는 사실이다. 젊은 층이 담배를 새로 피워야 기업의 지속 가능성이 유지된다. 그런데 다른 소비재 회사들처럼 적극적인 마케팅으로 해결하기도 어렵다. 모순적 상황에 직면한 것이다.

다국적 회사 필립모리스는 담배 회사에 닥친 이 어려움을 극복하기 위한 해법을 스토리를 중심에 놓고 고민했다. 우선 일견 담배와 무관해 보이는 예술가들의 활동에 막대한 지원을 했다. 앤디 워홀, 마사 그레이엄 등 전위적인 예술 활동을 펼친 아티스트에게 과감한 지원을 하며 진보적인 실험 예술의 부흥을 적극 도왔다. 전위예술을 돕는 후원자로서의 스토리두잉은 진보적 색채가 강한 젊은 층에 큰 호응을 얻어냈다. 여기서 힌트를 얻은 우리나라의 KT&G도 예술가들의 창작 활동을 지원하고 대중에게 폭넓은 문화 경험을 제공하겠다는 목표로 KT&G 상상마당을 전국 곳곳에 세웠다. 창작자에게는 창작 활동의 기회를, 대중에게는 문화 향유의 기회를 제공하는 것이다. 제주 올레길 주변에 버려진 담배꽁초를 수거하는 일도 일회성 캠페인에 그치지 않고 '지구쓰담'이라는 가치 추구 활동으로 업그레이드하였다.

　학계에 대한 지원도 아끼지 않는데 1969년 필립모리스는 '스트레스'라는 개념을 만들어낸 생리학자 한스 셀리에게 3년간 15만 달러를 주는 특별 프로젝트를 지원했다. 이 주제를 특별히 선정하여 지원한 이유는 스트레스가 질병의 원인으로 부각되면 담배의 유해성이 가려질 것이라는 판단에서다. 2017년에는 12년간 매년 8,000만 달러를 투자해 '연기 없는 세상' 재단을 만들겠다고 발표했다. 이를 통해 사람들에게 덜 위험한 전자 담배가 대안이라는 미래 비전을 제시한다. 이렇듯 다양한 활동을 전개하면서 파이낸셜 스토리의 밀도가 점차 촘촘해지고 있다.

당신만의 멋진 스토리를 기대하며

· ·

　오랜 기간 다양한 정체성은 부정적인 것으로 여겨졌다. '야누스의 두 얼굴'이 이를 상징적으로 보여준다. 로마 신화에 나오는 문의 수호신 야누스는 문 안팎을 향해 두 얼굴을 내밀고 있다. 양면적인 모습을 지닌 그를 후대인들은 부정적 인간상으로 만들었다. 단선적 세계관이 지배하면서 다양성이 자리 잡기는 더욱 어려워졌다. 이런 현상은 문화에서도 쉽게 엿볼 수 있다. 마블 코믹북 《인크레더블 헐크》에서 주인공 헐크는 야누스의 두 얼굴을 상징하는 캐

릭터다. 과학자인 배너 박사 안에는 초록색 괴물이 내재돼 있는데, 지성적인 배너 박사가 분노하면 헐크로 변해 강인한 전사로 탈바꿈한다. 코믹북에서는 정체성이 급격히 바뀌는 배너 박사의 모습을 입체적으로 보여주지만, 전반적으로는 위험천만한 캐릭터로 표현된다.

그러나 최근에는 다양한 정체성이 선호되고 있다. 몇 년 전부터 예능에서 인기몰이를 하고 있는 '부캐(부캐릭터)'의 탄생이 대표적인 현상이다. 나를 지키면서도 여러 개의 정체성을 자유롭게 그려냈다. '국민 MC' 유재석은 MBC 예능프로그램 〈놀면 뭐하니〉에서 닭도 튀기고(닭터유) 트로트 가수(유산슬)도 된다. 혼성 그룹의 멤버(유드

래곤)가 되기도 하고 음반 제작자(지미유, 유야호)로도 변신한다. 다양한 정체성을 설득력 있게 풀어가며 매번 높은 화제성을 끌어내고 있다. 빠르게 변화하는 시대에 양가적 속성이 버그를 일으키는 것이 아니라 또 하나의 자신을 만들어내 더 높은 설득력과 소구력을 탄생시켰다.

메타버스의 등장은 부캐의 대중화를 이끌어내고 있다. 기술 진보로 현실의 '본캐(본래 캐릭터)'와 다른 스토리를 지닌 '부캐'를 가상 현실에서 구현하는 것이 가능해졌다. 개인이든 기업이든 기존의 스토리를 뛰어넘는 새로운 서사로 경쟁력을 가질 수 있게 되었다.

이제 우리는 인정해야 한다. 멀티 페르소나가 각광받는 뉴노멀 시대로 진입했음을 말이다. 고정된 가치, 단일 서사는 이제 우리 곁을 점차 떠나고 있다. 다양한 나를 만들어내는 역량은 미래를 여는 열쇠다. 잘 만들어낸 스토리는 개인의 가치를 높이고 상품의 경쟁력을 키우며 기업 가치를 높인다. 페이스북은 사명을 '메타플랫폼스'로 바꾸고 새 시장에 진입했다. 개인 콘텐츠를 플랫폼 네트워크를 통해 세계와 연결했던 과거의 성장 신화를 넘어 다양한 스토리 전개가 가능한 메타버스 기업으로 탈바꿈하겠다는 선전포고이다.

그런데 우리는 이야기를 만들어내기 위해 얼마나 노력하고 있을까. 아직까지는 일부 기업만이 스토리의 중요성을 깨닫고 기업의 성장 전략을 스토리와 엮어내려는 노력을 하고 있다. 스타트업만의 이야기가 아니다. 전통의 레거시 기업도 자신에게 맞는 스토리를 접목할 수 있다면 몇 단계의 도약이 어렵지 않다는 것을 많은 기업이 보여주었다. 자본시장이 원하는 모습은 성장이 가능한 매력적인 이야기이기 때문이다.

하물며 보여줄 것이 당장에는 빈약한 스타트업에게는 성장 서사가 곧 경쟁력이다. 의도된 적자로 시장 점유율을 끌어올린 이커머스 업체나 공간 제약 없이 가까운 곳에 있는 이웃끼리 직접 만나 필요한 물품을 거래하도록 한 중고 거래 플랫폼 기업 모두 강력한 파이낸셜 스토리를 만들어냈다. 스스로의 경쟁력이 밑바탕이지만 외부 투자 유치가 필수적인 스타트업은 시장에 어필할 만한 성장 스토리가 내재해 있어야 한다. 스토리 디자인에서 스토리두잉까지 밸류 체인이 완성될 때 기업 가치가 한층 더 올라가고 유니콘의 길은 가까워진다.

그러나 대다수 기업은 아직 파이낸셜 스토리 만들기에 많은 관심을 두지 않고 있다. 그 중요성을 인지하지 못했거나, 인지했더라도 만드는 방법을 몰라서일 것이다. 필자는 잠재력이 뛰어난 기업이지만 시장과 제대로 소통하지 못해 투자금 유치에 어려움을 겪은 곳을 종종 봐왔다. '속도전'이 이뤄지는 혁신 산업의 경쟁에 밀려 후발 경쟁 업체에 따라잡히는 경우도 자주 목도했다. 열심히 일하면 외부에서 인정해줄 것이라고 생각하지만 시장은 성장 스토리가 그려지고 보이는 기업에만 주목한다. 투자자 입장에서 모든 기업을 살펴보는 것은 현실적으로 쉽지 않기 때문이다.

이제부터라도 스토리에 관심을 가지고 밑그림을 하나씩 그려나가야 한다. 이야기를 만드는 일은 무에서 유를 창조하는 작업이 아니다. 스토리를 디자인하는 요소들을 숙지하면 매력적인 파이낸셜 스토리를 그려내는 일은 더 쉬워진다. "모방은 창조의 어머니"라는 말을 시쳇말로 여기지 말고 적극 활용하는 지혜가 우리에게 필요하다. 그래서 이 책을 수많은 스토리를 모아놓은 사례집 형태로 구성하였다. 자신만의 스토리 캔버스를 작성하여, 멋진 스토리 디자인으로 솔깃한 파이낸셜 스토리를 갖춘 개인과 기업이 계속해서 나타나기를 기대해본다.

책의 얼개를 기획한 지 벌써 2년이 지났다.

긴 시간 동안 재촉 없이 기다려준 출판사 월요일의꿈,

어릴 적부터 많은 스토리에 노출될 수 있는 환경을 만들어주신
부모님,

본인만의 성장 스토리를 써나가고 있는 딸 정담원,

방에서 혼자 책과 드라마를 봐도 싫은 소리 안 한 아내 전혜영,

이 책의 사례를 직접 만들어준 크리에이터들과 혁신적 기업가들
에게

감사의 마음을 전한다.

정세현

글은 언제나 창작의 고통을 수반한다. 매일 글을 쓰는 기자였음에도 이런 사실은 안타깝게도 나를 비켜가지 않았다. 매번 만날 때마다 통찰력과 지혜를 전해주는 MG새마을금고의 최우석 팀장에게 깊은 감사를 표한다. 그는 수많은 기업에 투자하며 '파이낸셜 스토리'를 짚어내 국내 많은 기업을 키워낸 자본시장의 동반자다. 앞서 《100조를 움직이는 사람들》을 함께 쓰며 많은 인사이트를 얻었기에 이 책도 쓸 수 있었다. 함께 산책하며 사색의 동반자가 되어준 반려견 레오와 지난한 과정에서 묵묵히 응원해주고 영감을 준 아내 오찬미에게 감사하고 사랑한다는 말을 전하고 싶다.

조세훈

[단행본]

- 토드 휴린·스콧 스나이더,《골리앗의 복수》, 인플루엔셜, 2020. 5. 11.
- 로버트 쉴러,《내러티브 경제학》, RHK, 2021. 3. 2.
- 애스워드 다모다란,《내러티브 & 넘버스》, 한빛비즈, 2020. 5. 20.
- 도널드 밀러,《무기가 되는 스토리》, 윌북, 2018. 9. 30.
- 에스더 초이,《비즈니스 스토리텔링 비법》, 알맹, 2019. 1. 29.
- 올리비에 시보니,《선택 설계자들》, 인플루엔셜, 2021. 6. 2.
- 제임스 스콧 벨,《소설 쓰기의 모든 것 1: 플롯과 구조》, 다른, 2015. 12. 15.
- 로버트 맥키·토머스 제라스,《스토리노믹스》, 민음인, 2020. 4. 22.
- 윤주,《스토리텔링에서 스토리두잉으로》, 살림출판사, 2017. 2. 22.
- 클라우스 포그·크리스티안 부츠·바리스 야카보루,《스토리텔링의 기술》, 멘토르, 2008. 2. 10.
- 간다 마사노리,《스토리씽킹》, 초록비책공방, 2021. 5. 30.
- EBS 다큐프라임,《이야기의 힘》, 황금물고기, 2011. 9. 30.
- 로널드 토비아스,《인간의 마음을 사로잡는 스무 가지 플롯》, 풀빛, 2012. 5. 25.
- 구스노키 켄,《히스토리가 되는 스토리 경영》, 자음과모음, 2012. 2. 27.

[기사]

- 권승준, "그녀들만 역주행하는 세 가지 이유", 〈조선일보〉, 2021. 3. 27.
- 안상현, "나쁜 리더는 없다 나쁜 시스템이 있을 뿐", 〈조선일보〉, 2021. 8. 20.
- 최지영, "요즘 기업이 사는 법, 스토리텔링보다는 스토리두잉", 〈중앙일보〉, 2014. 6. 19.
- 김은영, "'커피계의 애플' 블루보틀 핸드드립 고집", 〈MK창업뉴스〉, 2019. 3. 4.
- 정재승, "지구는 이야기를 중심으로 돈다", 〈한겨레〉, 2017. 3. 12.

DoM 015

파이낸셜 스토리 디자인

숫자는 과거를 보여주고, 스토리는 미래를 말한다

초판 1쇄 발행 | 2022년 12월 9일
초판 2쇄 발행 | 2023년 1월 6일

지은이 정세현 · 조세훈
펴낸이 최만규
펴낸곳 월요일의꿈
출판등록 제25100-2020-000035호
연락처 010-3061-4655
이메일 dom@mondaydream.co.kr

ISBN 979-11-92044-19-4   03320
ⓒ 정세현 · 조세훈, 2022

'월요일의꿈'은 일상에 지쳐 마음의 여유를 잃은 이들에게 일상의 의미와 희망을 되새기고 싶다
는 마음으로 지은 이름입니다. 월요일의꿈의 로고인 '도도한 느림보'는 세상의 속도가 아닌 나만
의 속도로 하루하루를 당당하게, 도도하게 살아가는 것도 괜찮다는 뜻을 담았습니다.
"조금 느리면 어떤가요? 나에게 맞는 속도라면, 세상에 작은 행복을 선물하는 방향이라면 그게 일상의 의미
이자 행복이 아닐까요?" 이런 마음을 담은 알찬 내용의 원고를 기다리고 있습니다. 기획 의도와 간단한 개요
를 연락처와 함께 dom@mondaydream.co.kr로 보내주시기 바랍니다.